Jazz Gitti • Ich hab gelebt

ICH HAB GELEBT

ERINNERUNGEN

Aufgezeichnet von Martin R. Niederauer

BILDQUELLENNACHWEIS

Roman Bogner S. XXXI; Bettina Frenzel S. XVI; Franz Hausner S. XXI; Privatarchiv Jazz Gitti S. I–XIV, S. XVII, S. XXII, S. XXVIII; Heinrich Lössl S. XVIII; Peter Rigaud S. XV; Günther Schatzer S. XIX, S. XX unten, S. XXIII–XXVII, S. XXIX, S. XXX, S. XXXII; Privatarchiv Thomas Strobl S. XX oben

2. Auflage

www.kremayr-scheriau.at

ISBN 978-3-218-00912-6
Copyright © 2014 by Verlag Kremayr & Scheriau GmbH & Co. KG, Wien
Alle Rechte vorbehalten
Schutzumschlaggestaltung: Kurt Hamtil, Wien
unter Verwendung eines Fotos aus dem Privatarchiv Jazz Gitti
(Foto: Karl Schrotter)
Typografische Gestaltung, Layout: Kurt Hamtil, Wien
Druck und Bindung: Druckerei Theiss GmbH, St. Stefan i. Lavanttal

INHALT

Für Shlomit

• • •

Weil sie nicht nur meine Tochter,
sondern der wichtigste Mensch in meinem Leben war,
ist und immer sein wird!

AUFTAKT

13. Mai 1977. Wiener Stadthalle: Die Göttin des Jazz, Ella Fitzgerald, kam auf die Bühne, griff zum Mikrofon und sprach: „Gibt es hier eine Jazz-Lady mit dem Namen Tschitti im Saal? Hallo Tschitti? Ein Vogerl hat mir gezwitschert, dass heute dein Geburtstag ist. Ich wünsche dir daher von Herzen alles Gute und ein glückliches Leben!" Zuerst reagierte ich nicht, weil ich meinen Namen nicht verstanden hatte, bis mich eine Freundin stupste: „Gitti, die meint dich!" Es vergingen einige Minuten, bis ich realisierte, was gerade geschehen war. Mein Idol Ella Fitzgerald gratulierte mir höchstpersönlich zum 31. Geburtstag.

• • •

Wenn mir damals einer erzählt hätte, ich, Martha Butbul, würde zwei Jahrzehnte später als „Jazz Gitti" in der ausverkauften Wiener Stadthalle ein Konzert geben, den hätte ich stante pede für verrückt erklärt. Ich war 16 Jahre alt, als ich Ella das erste Mal aus der Musikbox im Kaffeehaus meines Vaters hörte, und sie begleitete mich ein Leben lang – in guten wie in schlechten Zeiten. So manche Lebenskrise hätte ich nicht meistern können, wenn sie mir mit ihrer Stimme nicht beigestanden und mir Mut gegeben hätte. Ich erinnere mich an diesen Konzertbesuch, als ob es gestern gewesen wäre, und ich bin überzeugt davon, dass Ella über mein Leben immer eine schützende Hand gehalten hat.

Im Erscheinungsjahr dieses Buches begehe ich mein 30-jähriges Bühnenjubiläum und keinen einzigen Tag dieser 30 Jahre möchte ich missen. Wenn ich als Geschäftsfrau nicht pleitegegangen wäre, dann wäre ich nicht im Showbiz gelandet und hätte nicht meine wahre Berufung als Entertainerin gefunden. Ich lebe dafür, Menschen zu unterhalten, egal, ob ich vor einem Dutzend auftrete oder in einem Stadion vor 12.000 Menschen singe. Ich gebe immer mein Bestes!

Mein Leben mag von außen betrachtet wie eine Achterbahn-Fahrt erscheinen: Geprägt hat mich der frühe Tod meiner Mutter. Sie hat mir nicht nur unendlich viel Liebe, sondern auch eine solide Basis für mein Leben mitgegeben, so dass ich nicht auf die schiefe Bahn geraten bin. Geprägt hat mich auch mein Leben in Israel. Zehn Jahre verbrachte ich dort und durchlebte entsetzliche, aber auch sehr schöne Stunden. In Israel habe ich den Blues kennengelernt und musste erwachsen werden. Und geprägt hat mich die Geburt meiner Tochter Shlomit.

Als kleines Kind war ich ein verwöhnter Fratz, später ein bunter Paradiesvogel. Als ich meine Tochter das erste Mal im Arm hielt, wusste ich: Es ist jetzt Zeit, Verantwortung zu übernehmen. Und das tat ich auch. Als sie dann ihr eigenes Leben zu leben begann, durfte ich wieder der Paradiesvogel sein – und das bin ich bis heute gern.

Ich habe es mir nicht ausgesucht, im Mittelpunkt zu stehen, es hat sich in meinem Leben so ergeben. Ich gehöre nicht zu den diplomatischen Vertretern der Menschheit und habe sicherlich mein Herz zu lange viel zu offen auf der Zunge getragen. Aber ich habe dazugelernt! Auch wenn manche immer noch behaupten, für die Jazz Gitti würde man eine Gebrauchsanweisung benötigen.

Ich begann in jungen Jahren als Kellnerin zu arbeiten, erkannte aber bald, dass man in diesem Beruf nicht alt werden darf. Daher machte ich mich selbständig und schlug zwei Fliegen mit einer Klappe: Ich verband meine Liebe zum Jazz mit der Gastronomie. Denn ich war eine Wirtin mit Leib und Seele. Eine Wirtin, die gern mal auch selbst das Mikrofon in die Hand nahm und ein Ständchen zum Besten gab.

So gut wie alle heute bekannten Größen des Austropop waren

in meinen Lokalen zu Gast, und als ich professionell mit dem Singen anfing, gab es zwar viel Zuspruch, aber auch so manche Kritik. Dass ich mit Singen und Unterhalten meine wahre Berufung finden und diesen Beruf auch noch 30 Jahre später ausüben würde, konnte ich mir zu Beginn meiner Karriere überhaupt nicht vorstellen – und viele trauten es mir bestimmt nicht zu.

Immer wieder werde ich gefragt, ob mich der Erfolg verändert habe. „Mich nicht", lautet meine Antwort stets. „Aber die anderen schon!" Warum das so ist, will ich mit meiner Lebensgeschichte erzählen.

MISCHPOCHE

März 1941. Wiener Franz-Josefs-Bahnhof. Schwerfällig setzte sich der Deportationszug in Bewegung und rollte stotternd aus dem Bahnhof in Richtung Polen. Ein letztes Mal konnte meine Groß- mutter durch einen schmalen Schlitz in der Bretterverkleidung des Wagons einen Blick auf ihr geliebtes Wien erhaschen und drückte ihren jüngsten Sohn Mani fest an sich. Es war das letzte Mal, dass die Familie meiner Mutter eine Familie war.

• • •

Um mich, die Jazz Gitti, kennenzulernen und ein wenig besser zu verstehen, sollte man auch etwas über die Geschichte meiner Familie erfahren. Meine Eltern waren durch und durch echte Wiener. Beide Familien kamen ursprünglich aus den Kronlän- dern und der Vater wie auch die Mutter waren stark von ihrer familiären Herkunft geprägt. Aber Wien war ihre Heimat und ist auch heute noch mein Zuhause.

Die Verwandtschaft meiner Mutter stammte ursprünglich aus Galizien, genauer aus Westgalizien im heutigen Polen, das bis zum Ende der Monarchie ein Kronland war. Mein Urgroßva- ter, erzählte meine Mutter, war eine Art Hilfs-Rabbiner. Seine Brüder waren Kantoren, also Tempelsänger, und müssen für ihre Zeit recht ausgeflippte Typen gewesen sein. Mein Talent für die Bühne und meine lustige Wesensart kommen also nicht von ungefähr.

Mein Urgroßvater, Abraham Prober, hatte eine Tochter mit dem Namen Fanny, auf Jiddisch Feige. Sie war eine beachtens- wert schöne Frau, hatte jedoch einen schlimmen körperlichen Makel, nämlich Klumpfüße. Daher wurde ein für die damalige Zeit üblicher Shidduch (eine jüdische Heiratsvermittlung) abgehalten, um die „behinderte" Tochter möglichst schnell unter die Haube zu bringen und zu versorgen. Diese arrangierte Ehe entpuppte sich als totales Desaster und meine Großmutter wollte nur weg aus dem galizischen Schtetl. Irgendwie gelang es ihr, die Ketubba, das heißt den jüdischen Heiratsvertrag, aufzulösen. Nach der Scheidung nahm sie ihren Sohn, meinen Onkel Bela, und kam 1910 als geschiedene Frau, sie hieß nun Feige Gold, nach Wien.

Sie hauste im neunten Bezirk in der Canisiusgasse und lebte von der Hand in den Mund, bis sie einen orthodoxen ungarischen Juden kennenlernte und nach jüdischem Gesetz heiratete. Meine Großmutter war eine fromme Frau und ein nicht frommer Jude wäre für sie als Ehemann nie in Frage gekommen. Mein Großvater machte ihr drei Kinder, den Emil, meine Mutter Frida, geboren 1918, und den Mani. Dann seilte er sich ab, zog nach Frankreich und zeugte dort angeblich 18 weitere Kinder. Gesehen oder gehört hat meine Mutter nie wieder von ihm.

So saß meine Großmutter nun mit ihren Klumpfüßen, vier Kindern und ohne geregeltes Einkommen in dieser Zimmer-Küche-Kabinett-Wohnung und hielt sich mit Näharbeiten und halb illegalem Handel einigermaßen über Wasser. Meine Mutter und ihre Geschwister waren sehr arme Kinder. Nur die Lebensmittelpakete der Tante Gitti aus Russland linderten oft die größte Not.

Die Familie meines Vaters stammte ursprünglich aus Jugoslawien, ich glaube aus Serbien. Mein Urgroßvater kam mit zwölf Brüdern irgendwann Ende des 19. Jahrhunderts nach Österreich, heiratete eine Frau aus Mähren und arbeitete für die Eisenbahn. Sie hatten vier Kinder: meine Großmutter Angela und meine Großtante Lieserl sowie noch zwei weitere Geschwister.

1916 kam mein Vater als lediges Kind auf die Welt, für die damalige Zeit eine große Schande für die Familie. Um Schadensbegrenzung bemüht und vor allem, um noch weiteres Unheil abzuwenden, steckte mein Urgroßvater seine beiden Töchter kurzerhand in ein Kloster. Dort lernten sie auch einen Beruf als Weißnäherinnen.

Mein Vater wuchs bis zu seinem sechsten Lebensjahr bei seinen Großeltern auf und diese Zeit prägte ihn ein Leben lang. Im Haus der Großeltern wurde Serbokroatisch gesprochen, es herrschte eine strenge Hand und früh schon musste er mit anpacken. Als er ungefähr sechs Jahre alt war, heiratete seine Mutter und nahm ihren Sohn zu sich. „Schwimmen hab ich g'lernt, weil mich der Opa g'packt und in die Donau g'schmissen hat", erzählte der Vater manchmal aus seiner Kindheit. Oder wie er als Volksschulkind einmal heimlich eine Virginia-Zigarre des Großvaters zu rauchen probierte und wegen der ungewohnten Wirkung schleunigst das Klo aufsuchen musste. Ein paar Ohrfeigen gab es als Strafe noch obendrein.

Meine Mutter erzählte nicht gern von ihrer Kindheit. Es waren harte Zeiten und an die erinnert man sich eben nicht so gern. Die vier Kinder meiner Großmutter mütterlicherseits waren richtige Düsen, wie man heute sagen würde. Besonders eng war das Verhältnis zwischen meiner Mutter und ihrem Bruder Emil.

Ihm gelang während der Nazi-Verfolgung über Tschechien die Flucht nach Israel. Nach Österreich fuhr er in seinem Leben nie wieder, nicht einmal zur Beerdigung meiner Mutter, also seiner Schwester, und auch nicht zur Sponsion seines Sohnes, der in Wien studierte. Emil lebte in Israel seiner Ehefrau Rifka zuliebe koscher. Aber auf die „Polnische", auf die Krakauer-Wurst, verzichtete er nur ungern.

Später erzählte er mir manchmal Geschichten aus den gemeinsamen Kindheitstagen mit meiner Mutter: Oft spielte er mit ihr im Hof des Wohnhauses und hoffte, wie damals üblich, von den Nachbarn ein paar Naschereien zu ergattern: „Dann hat deine Mama wieder in der Nas'n bohrt und den Nasenrammel g'fressen. Und bekommen haben wir nix!" Auch musste Onkel Emil seiner kleinen Schwester immer beim Anziehen und Baden helfen. „Als es für mich dann interessant wurde, hab ich ihr nimma zur Hand gehn dürfen."

Mein Vater, Ferry, eigentlich Ferdinand, war schon als Kind ein Autonarr und hoffte, als Jugendlicher einen Ausbildungsplatz zum Automechaniker zu finden. Nur war er körperlich zu schwach. „Du kannst ja ned einmal die Werkzeugkiste schleppen", soll der Meister gesagt haben. Das war ihm Ansporn genug, ins Box-Training zu gehen, und aus dem Spargel-Tarzan wurde unversehens ein fescher, sportlicher junger Mann. Mein Vater fand schließlich mit Hilfe seiner Tante eine Ausbildungsstelle zum Friseur, die für ihn stolze 5000 Schilling Lehrgeld bezahlte. So begann er 1930 mit 14 Jahren seine Lehre.

Onkel Emil arbeitete als Verkäufer bei einem schicken Herrenausstatter in der Wiener Innenstadt und lernte meinen Vater im Tröpferlbad kennen. Die beiden waren beste Freunde und gingen meistens am Wochenende aus oder besuchten Emils älteren Halb-Bruder Bela, der als erfolgreicher Profi-Kartenspieler in den Lokalen beim Prater anzutreffen war. Onkel Bela wurde später von den Nazis nach Auschwitz-Birkenau deportiert. „Wenn ich diese Hölle überlebe, dann rühr nie wieder eine Karte an", schwor er bei seiner Ankunft im Konzentrationslager. Wie durch ein Wunder überlebte er. Kein einziges Mal hat er in seinem Leben je wieder Karten gespielt.

Als die beiden Freunde wieder einmal Bela beim Kartenspielen besuchten, war auch Schwester Frida in Begleitung ihrer Mutter anwesend – und da trafen Frida und Ferry das erste Mal aufeinander: Er war 18 und sie 16 Jahre alt. „Es war Liebe auf den ersten Blick", erzählte Frida später gern vom ersten Kennenlernen. Sie war damals im letzten Lehrjahr zur Schneiderin in einem Modesalon. „Schau Gittele, a junger, fescher Jid hätt mich

nicht geheiratet, weil ich arm war. An alten Schiachen wollte ich
ned. Ich hab mir einen Mann zum Gernhaben gewünscht und
deswegen deinen Vater genommen."

Mit dieser Liebelei wurde die Freundschaft der beiden jungen
Männer auf eine harte Probe gestellt, denn Onkel Emil war von
dieser Liaison überhaupt nicht begeistert. Meiner Großmutter
gefiel diese Liebe noch viel weniger. Sie soll Schive gesessen
haben (so heißt die siebentägige jüdische Trauerzeit), als die beiden ihre Verlobung bekannt gaben und die Hochzeit ins Haus
stand. Mein Vater war schließlich kein Jude!

Mit 18 Jahren, am 13. Mai 1937, brachte meine Mutter meine
ältere Schwester Lieserl auf die Welt. Der Vater drängte auf eine
rasche Hochzeit und der Pfarrer ließ sich mit Ach und Krach
überreden, nicht nur das Lieserl, sondern auch gleich meine
Mutter in der Sakristei zu taufen. Ein Jahr vor dem offiziellen
Anschluss Österreichs im März 1938 ahnte man schon, was die
Uhr bald schlagen würde. Auch wenn es die meisten noch nicht
wirklich wahrhaben wollten. Im Wochenbett hat meine Mutter
ihre Mutter noch einmal gesehen. „Sie wollte nur kontrollieren,
ob die Füße vom Lieserl auch gerade waren", sagte sie. „Gesprochen hat sie kein Wort."

Die junge Familie wohnte gemeinsam mit der Mutter meines
Vaters in ihrer kleinen Wohnung in Wien-Leopoldstadt. Keine
leichte Zeit für meine Mutter: Der Bruch mit ihrer eigenen Mutter, eine beherrschende Schwiegermutter und ein Ehemann, der
anfangs mit dem Baby auch nicht viel anfangen konnte, machten
ihr das Leben schwer. Dennoch zogen sie an einem gemeinsamen Strang und schmiedeten Zukunftspläne: möglichst schnell
viel Geld zu verdienen und zu sparen, um einen eigenen Haus-
stand zu gründen. Mein Vater konnte als Friseur nebenbei viel
pfuschen und meine Mutter verdiente in einem Modesalon als
Schneiderin gutes Geld. Schon als junge Frau konnte sie, viel-

leicht weil sie so arm aufgewachsen war, immer besonders gut mit Geld umgehen. Zusätzlich zeichnete sie in Heimarbeit für Malerbetriebe Schablonen und sägte mit der Laubsäge den Gummi für die Mal-Walzen aus. Damit verdiente sie sich ein schönes Körberlgeld.

Dann bekam mein Vater den Befehl zur Musterung. Er wurde für tauglich befunden, obwohl er alles versuchte, sich wie ein Schwejk anzustellen und eine möglichst schlechte Bewertung zu bekommen. Er hatte aber einen Führerschein und kannte sich mit Autos gut aus. Ein Offizier bei der Musterungskommission wollte ihn deswegen unbedingt als Chauffeur haben und er wurde auch sofort einberufen. Dieser Offizier wusste freilich nicht, dass mein Vater mit einer Jüdin verheiratet war.

Schon bald nach dem Anschluss Österreichs an das Deutsche Reich kam es auch in Wien zu Arisierungen und viele Juden versuchten der drohenden Deportation durch Flucht zu entkommen. Obwohl meine Mutter ständig in der Angst leben musste, selbst denunziert und verhaftet zu werden, half sie den Glaubensgenossen. Sie kaufte mit der tatkräftigen Unterstützung meines Vaters von dem gemeinsam ersparten Geld ganze Haushalte und Wertgegenstände zu fast marktüblichen Preisen auf. Juden, die das Land verlassen wollten, mussten ja die Reichsfluchtsteuer bezahlen. Meine Eltern handelten auch mit diesen Waren und schnell waren zwei große Magazine im zweiten Bezirk mit edlen Teppichen, kostbaren Musikinstrumenten und allerhand mehr oder weniger teurem Tand gefüllt. „Des hätt' unsere Versicherung für einen Neuanfang in besseren Zeiten sein solln", erzählte sie nach dem Krieg. Doch es kam ganz anders.

1940 wurde der Vater mit seiner Einheit heim ins „Reich" nach Aachen versetzt. Er musste dem Befehl gehorchen. Heimlich ließ er seine Familie nachkommen und versteckte sie in einem Kloster nicht weit von der Kaserne, in der er stationiert war. Als Chauffeur hatte er gute Beziehungen und konnte daher seiner Familie oft Essen bringen. Doch dann schlug das Schicksal unbarmherzig zu: Im Kloster brach nach einem Jahr eine Diphterie- und Scharlach-Epidemie aus, der auch meine Schwester Lieserl zum Opfer fiel: Sie starb mit nicht einmal vier Jahren.

Das war ein fürchterlicher Schlag für meine Mutter. Sie war völlig verzweifelt und überzeugt davon, dass die Nazis ihre Tochter verschleppt hatten. Weil sie sich überhaupt nicht beruhigen wollte, brach mein Vater nachts unter größter Gefahr in das Leichenschauhaus ein, um die goldenen Ohrringe meiner älteren Schwester als Beweis für ihren Tod zu stehlen. Aus diesem Grund habe ich bis heute keine gestochenen Ohrläppchen! Zu allem Überfluss stürzte meine Mutter auch noch und brach sich ein Bein. Als Kranke konnte sie im Kloster nicht mehr arbeiten und wurde von den Schwestern kurzerhand vor die Tür gesetzt. Niemand konnte oder wollte ihr helfen!

Zeitgleich erhielt mein Vater einen Marschbefehl nach Tschechien. Jetzt war auch er völlig verzweifelt und wusste nicht mehr ein noch aus. In letzter Not fälschte er kurzerhand seine Dienstpapiere, stahl das Auto seines Offiziers, desertierte und schlug sich mit meiner Mutter von Aachen nach Wien durch – in ständiger Angst vor Entdeckung, Erschießung und Deportation. In Wien erhofften sich meine Eltern, trotz der längst ausgestellten Haftbefehle, ein wenig Hilfe. Schließlich gab es in der Heimat auch noch die Depots mit den Wertsachen. Mit dem Verkauf und dem Erlös hätte man weiter auf die Flucht gehen können.

Weit gefehlt: In den zwei bis an die Decke angefüllten Magazinen war nichts mehr. Der Mann meiner Großmutter väterlicherseits, ein Säufer, und sie selbst hatten das komplette Vermögen meiner Eltern in nur wenigen Jahren durchgebracht und das wertvolle Gut großzügig gegen Essen und Alkohol eingetauscht. Es wurde sogar noch schlimmer: Aus Verzweiflung und Angst vor dem Zorn des Sohnes schrie seine Mutter mitten auf der Praterstraße auf, als sie ihren Sohn erkannte: „Schaut's, da kommen die Juden!" Sie hatten nichts, keine Hilfe und wurden polizeilich gesucht.

„Wenn der Krieg aus ist, geh ich und erschieß sie", schimpfte der Vater verzweifelt und zornig über den Verlust des Notgroschens. Später durfte die Oma nur auf ausdrücklichen Wunsch meiner Mutter im Geschäft aushelfen und passte manchmal auf mich auf. Nie wieder richtete mein Vater auch nur ein Wort an sie.

Mein Vater war eine echte Kämpfernatur. Er ging in den Untergrund zu den jugoslawischen Partisanen, weil er ja deren Sprache verstand, und versteckte meine Mutter in einem Lehmkeller in Atzgersdorf bei Wien. Erstaunlicherweise gelang es ihr sogar irgendwie, ein halbwegs normales Leben zu führen. Wie, weiß ich nicht, aber sie fand eine Anstellung als Nacht-Kinokassiererin und ging arbeiten, bis die Russen endlich Wien befreiten. Dieses Ausgeliefertsein, diese fürchterliche Angst vor Entdeckung und die Entbehrungen hat sie nie ganz vergessen können – und sie ließen sie später schwer erkranken.

Mein Vater hat meiner Mutter das Leben gerettet. „In dieser Zeit, in der oft der Vater den Sohn und der Sohn den Vater verraten hat, war dein Vater einer der wenigen anständigen Menschen", betonte meine Mutter immer wieder. Wahrscheinlich hat der Vater dann auch deswegen nach dem Krieg eine Art Freibrief von meiner Mutter bekommen. Denn diese Generation wurde um ihre Jugend betrogen.

JÜDISCHE PRINZESSIN

Weihnachten 1950: Unsere Wohnung in der Hofenedergasse
in Wien-Leopoldstadt. Als es endlich läutete und ich in
den Salon durfte, traute ich meinen Augen nicht: Da standen
ein Puppenwagen mit einer Schildkröt-Babypuppe, ein
Kinderfahrrad, eine Gehpuppe, ein Kinderauto und die so heiß
ersehnte „Negerpuppe". Ich fand Päckchen mit einem Goldketterl
samt Marienanhänger, Kreuz und Davidstern, mit Puppen-
kleidung und mit Musikinstrumenten. Das Christkind hatte
alle meine Wünsche erfüllt und ich erinnere mich an ein
Weihnachten, an dem wir eine rundum glückliche Familie
waren.

• • •

Eigentlich dürfte es mich gar nicht geben. Gleich mehrere Ärzte
waren notwendig, um die richtige Diagnose zu finden. Als dann
die Schwangerschaft meiner Mutter sozusagen „von Amts wegen"
bestätigt war, hätte ich nach ihrem Wunsch ein Franzl werden
sollen. Was für eine Überraschung für alle Beteiligten, als ich am
13. Mai 1946 im alten Allgemeinen Krankenhaus von Wien das
Licht der Welt erblickte: „A Wunda eben, ein Mädchen!" Auf
den Tag genau neun Jahre später geboren als meine verstorbene
ältere Schwester Lieserl.

Meine Mutter war in ihrer Jugend eine gertenschlanke und
bildhübsche Frau gewesen. Die Flucht während des Krieges, das
Leben im Untergrund und die ungesunde Ernährung hatten sie
krank und vor allem fettleibig gemacht. Man kann sich heute
nicht mehr vorstellen, was diese ständige Angst um das eigene
Leben mit Menschen anstellt. Für meine Mutter war das Essen
nicht nur Nahrung, sondern Balsam für ihre geschundene Seele.

Auch wenn der Arzt ihr verboten hatte, zehn Crèmeschnitten am Stück hintereinander zu vertilgen, sie haben die Welt für Mama wieder ins rechte Licht gerückt. Sie aß immer nur den Boden und die Crème, nie den Deckel: „Das Süße esse ich doch eh nicht", verteidigte sie sich dann gern.

Irgendwann spielte ihr Körper nicht mehr mit und meine Mutter bekam ernsthafte gesundheitliche Probleme. Sie fühlte sich elend, die Menstruation setzte aus und die Ärzte wussten keinen Rat. „Wechsel", beschied man der 27-Jährigen und behandelte sie mit Hormonen, so dass sie sich sogar rasieren musste. Es vergingen Wochen, bis ein Arzt die richtige Diagnose stellte: Meine Mutter war nur schwanger.

Weil meine Mutter immer noch Angst vor den Nazis hatte, wurde ich gleich nach der Geburt getauft. Als der Pfarrer nach meinem künftigen Namen fragte, zuckte meine Mutter nur mit den Schultern: „Ich hab keine Ahnung, es hätte ja ein Franzl werden sollen." Der Pfarrer, wohl ein wenig von der Situation überfordert, ergriff schließlich die Initiative und fragte nach dem Namen der Taufpatin, die meine Eltern ins Pfarramt begleitete und mich im Arm hielt. So wurde aus dem „Wunda" die Martha Margit Bohdal.

Später hat meine Mutter erzählt, dass ich ein unglaublich braves Baby gewesen sei. Wenn ich eine saubere Windel und genug zu essen hatte, war ich gut gelaunt und lachte immerfort. Fast wie heute. Nur singen konnte ich noch nicht. Meine gute Laune scheint mir tatsächlich in die Wiege gelegt worden zu sein, genauso wie meine Neigung zum Dicksein. Mein Vater war ebenfalls schwer verliebt in mich. Stundenlang soll er vor meiner Wiege gesessen, mich angesehen und dabei immer den Kopf geschüttelt haben: „So a schönes, lustiges Kind. Die kann doch ned von mir sein!" Meine Eltern hatten nach dem Tod meiner älteren Schwester und wegen der Krankheit meiner Mutter nicht mehr damit gerechnet, noch einmal ein Kind zu bekommen.

Unmittelbar nach dem Krieg gab es nichts und keiner hatte etwas. Meine Mutter eröffnete ein Geschäft mit den Namen „Fribor", aus FRida BOhdal, und stellte wieder Gummiwalzen für Malerbetriebe her. Mein Vater und meine Großtante handelten mit Hadern und Lumpen, fuhren mit einem alten Pferdegespann durch die Gassen und kauften die Felle auf, die vom Schlachten der Katzen und Hunde übrig blieben. Wegen der schweren Not landete alles im Kochtopf, was essbar war. Vom ersten Gewinn kaufte mein Vater ein Auto, cinen US-amerikanischen Packard.

Später erzählte meine Mutter, dass es in dieser turbulenten Zeit einen ganz anderen Zusammenhalt unter den Menschen gab und jeder bemüht war, dem anderen zu helfen. Damals entstanden auch viele der guten Geschäftsverbindungen, die meinen Eltern später zum großen Erfolg verhalfen. Dem Geschäft mit der Herstellung und dem Vertrieb von Malerwalzen war kein langes Leben gegönnt. Mutter behauptete später, der Vater habe zu viel Geld vom Gewinn in seinen Packard gesteckt, so dass zu wenig zum Investieren blieb.

Mit Hilfe von Mutters Kontakten zu den sowjetischen Besatzern gelang es den Eltern, bereits im 46er-Jahr wieder Fuß zu fassen, und sie eröffneten bald nach meiner Geburt einen „USIA-Konsum", also ein Lebensmittelgeschäft. (Mit der offiziellen Abkürzung „USIA" wurde die Verwaltung des sowjetischen Vermögens im östlichen Österreich bezeichnet.) Das große geschäftliche Talent meiner Mutter zeigte sich nach Kriegsende beim Organisieren und Beschaffen von Waren aller Art: von Lebensmitteln bis hin zu Nähseide – im ganzen Land fehlte es am Notwendigsten. Dank ihrer guten Kontakte konnte sie in dieser Zeit der Lebensmittelmarken und verordneten Einschränkungen so gut wie alles besorgen. Mein Vater wiederum war bei den Donau-Schiffern bekannt dafür, den besten Rum zu panschen, und knüpfte dadurch neue Geschäftskontakte. Ich kann mich nicht daran erinnern, als Kind jemals Hunger gehabt zu haben.

Damals, kurz nach dem Krieg, wurde meiner Mutter mitunter zum Vorwurf gemacht, sie würde als Jüdin Lebensmittel an ehemalige Nazis verkaufen. „Warum denn nicht", war ihre Antwort. „Sie bezahlen ja dafür. Außerdem ist es an der Zeit, einen Schlussstrich zu ziehen. Das Leben muss weitergehen. Wenn wir uns alle hassen, bringt es gar nichts." Mit dieser Einstellung von Toleranz und Gefühl für Mitmenschen bin ich aufgewachsen und genauso lebe ich auch heute noch.

Wir wohnten in einer Zwölf-Zimmer-Wohnung in der Hofenedergasse im zweiten Wiener Bezirk, eine während des Nazi-Regimes arisierte und später wieder an Juden restituierte Wohnung, die wir uns, wie damals üblich, mit einer Flüchtlingsfamilie teilten: vertriebene ungarische Juden mit einem katholischen Kindermädchen – jene Martha Margit, die zu meiner Namenspatronin wurde. In dem langen Gang, von dem die Zimmer abgingen, konnte ich gemeinsam mit den Buben aus der anderen Familie wunderbar laut schreiend auf dem Besen reiten – und schon als kleines Kind waren mir Spaß und Unterhaltung, auf gut Wienerisch eine „Hetz", besonders wichtig.

Meine Eltern hatten es dank des gutgehenden Geschäfts im russischen „Konsum" und den noch besser gehenden „Nebengeschäften" meiner Mutter recht schnell zu einem gutbürgerlichen Wohlstand gebracht. Ein zweites Lebensmittelgeschäft am Vorgartenmarkt wurde eröffnet. Sie führten einen gut situierten Haushalt, in dem täglich für die zehn Angestellten des Geschäfts gekocht und gewaschen wurde. Meine Mutter war immer eine großzügige Person gewesen. Wer Hunger hatte, der hat zu essen bekommen. Und Hunger hatte damals eigentlich jeder – und so hatten wir beim Essen immer ein paar Extra-Gäste am Tisch.

Die Mama war zwar nicht das, was man heute als politisch aktiv bezeichnen würde, aber sie war eine Kommunistin aus ehrlicher Überzeugung. An jedem kommunistischen Aufmarsch nahm sie samt Angestellten teil und zeigte damit ihre Dankbarkeit: „Die haben mich aus dem Keller befreit und mir einen Neuanfang ermöglicht." Bei aller Geschäftemacherei hat sie auch immer geholfen, wo es nur ging. So kam ich auch zu meinem Kindermädel, dem Lieserl. Das Mädchen war von den Russen vergewaltigt worden und war schwanger, als meine Eltern sie bei sich aufnahmen. Für diese Frauen gab es damals keine Hilfe, nur schlechte Nachrede – meiner Mutter war das egal. Wenn ein Mensch Hilfe brauchte, wurde eben geholfen.

Ich hatte im Vergleich zu meinen Altersgenossen eine ausgesprochen schöne und vor allem sorgenfreie Kindheit. Meine früheste Erinnerung ist deshalb auch eine sehr unbeschwerte: Als einmal der Parkettboden in unserer Wohnung gerieben und poliert wurde, habe ich mit meiner goscherten Art und meinen knapp vier Jahren fleißig mitgeputzt und mich schon ein wenig wie ein kleiner Feldwebel aufgeführt: Um mich an das Topferl zu gewöhnen, stellten die Putzfrauen eine Schüssel mit warmem Wasser auf den Boden. Das hat mir gut gefallen. Als es dann so weit war, hab ich mich frech neben das Topferl gehockt und auf den frisch gewienerten Boden ein Häufchen gemacht. Die Putzfrauen schimpften mich sehr, aber ich hab ganz frech die Herrschaft raushängen lassen und ihnen erklärt: „Ihr seid's eh zum Putzen da!" Ich hab's aber dann gleich wieder gutgemacht und die Frauen mit Süßigkeiten und Naschereien „bestochen", die ich immer von der Mama ausreichend in meinen Taschen hatte.

Nein, ein böses Kind war ich nicht. Es hatte nur keiner Zeit für mich und dagegen habe ich mich in meiner Unschuld mit kindlicher Boshaftigkeit gewehrt. Gefehlt hat es weder an Liebe noch an materiellen Dingen, aber es fehlte mir an Aufmerksamkeit. Meine Eltern waren damit beschäftigt, Geld zu verdienen. Ich war ein verwöhnter kleiner Fratz mit einer süßen Goschn und ich wusste, wie ich jeden um den kleinen Finger wickeln konnte: meine Eltern, die Nachbarn und natürlich auch die

Angestellten. In dem Wiener Viertel, in dem ich aufgewachsen bin, war ich als kleines Kind bekannt wie ein bunter Hund. Aufmerksamkeitsdefizit-Syndrom würde man heute sagen. Ich war damals einfach nur die Gitti – ein liebenswertes kleines Biest und frech wie Oscar.

Wenn ich am Abend gebadet war, setzte mich meine Mutter auf die Kohlenkiste und bürstete mein störrisches Haar mit einem groben Lauskamm. Ich quiekte wie ein Ferkel, weil das fürchterlich weh tat. Vor allem dann, wenn mir mein Vater am Vortag mit einer Brennschere schöne Flaschenlocken gezaubert hatte. Meine Haare waren dick, fest und lang und ich trug sie rechts und links zu zwei dicken Zöpfen geflochten. Wenn dem Vater meine Jammerei zu viel wurde, drohte er mir im Spaß damit, mir die Haare abzuschneiden. Das wollte ich natürlich auch nicht. Und meine Mutter schon gar nicht: „Wenn du dem Gittele die Haare abschneidest, dann ist sie nicht mehr mein Kind", griff sie den Spaß vom Papi auf, und dann lachten wir alle zusammen, bis ich ins Bett gebracht wurde.

Bald nach dem Krieg hatte meine Mutter schreckliche Gewissheit über das Schicksal ihrer Familie: Ihre Mutter und ihr jüngerer Bruder Mani wurden in Auschwitz vergast. Der ältere Halbbruder Bela überlebte das Konzentrationslager, und auch mein Onkel Emil war nach der geglückten Flucht in Israel wohlauf. Als meine Mutter dann erfuhr, dass auch die Gitti-Tant aus Russland von den Nazis hingerichtet worden war, wurde ich in Gitti umbenannt. Die reiche Tante hatte meiner bettelarmen Großmutter und ihren Kindern noch vor dem Nazi-Regime regelmäßig mit Lebensmittelpaketen geholfen, deshalb bedeutete der Name Gitti für meine Mutter Freude und Leben. So wurde aus der kleinen Martha die Gitti oder das Gittele – und wenn sie schlimm war, die Gitta. So bin ich zu meinem Namen gekommen.

Schlimm muss ich als kleines Kind oft gewesen sein. Denn kein Tag verging, ohne dass es eine Beschwerde oder eine Klage über mich gab. Als eines Tages meine Bestechungsversuche mit Süßigkeiten nichts mehr nutzten, wurde das Familiengericht einberufen und die Angestellten erzählten meinen Eltern, was ich wieder alles angestellt hatte. Meine Reaktion damals: „Ihr seid's alle Deppen! Meine Zuckerln fressen und mich dann verpetzen." Die Eltern taten natürlich vor den Angestellten ganz fürchterlich empört und schimpften mich. Später am Abend habe ich aber an der Tür gelauscht und gehört, wie stolz sie auf mich waren, weil ich meinen eigenen Willen hatte und mich behaupten konnte. Da war die Welt für mich wieder in Ordnung und ich machte weiter, als ob nichts gewesen wäre.

Trotzdem sollte dieser „Gerichtstag" ein schreckliches Nachspiel für mich als Vierjährige haben. Weil meine Eltern keine Zeit für ihre Tochter hatten, wurde ein Internat im Wiener Bezirk Hietzing gesucht – und gefunden. Die Klosterschwestern dort waren für mein kindliches Empfinden sehr böse, und die ersten zwei Monate durfte ich kein einziges Mal nach Hause fahren. Doch dann war es so weit, endlich konnte ich meine geliebten Eltern besuchen. Aber es war kein schönes Wiedersehen. Statt wie früher beim Mittagessen das große Wort zu führen, saß ich ganz still auf meinem Platz, sagte nur „Bitte" und „Danke" und zeigte sogar mit dem Finger auf, um die Erlaubnis zu erbitten, auf die Toilette gehen zu dürfen. Meine Eltern freuten sich zwar über die plötzlich so wohlerzogene Tochter, waren aber durchaus auch beunruhigt. So hatten sie mich schließlich noch nie erlebt.

Mein Vater ist dann mit mir auf die Toilette gegangen und hat mich gefragt, was denn los sei. Ich war so verschüchtert, dass ich mich nicht getraut habe, etwas zu sagen. Da hat mich mein Vater plötzlich ganz fest geschüttelt, bis ich zu weinen anfing und es aus mir herausbrach: Wie böse die Schwestern in dem Internat gewesen seien und wie sie mich bestraft hätten. Wenn ich etwa

Meine Großmutter Fanny „Feige" Gold

Oma Angela (li.), meine Schwester
Lieserl und meine Mutter

Mein Mutter (Mitte) als Kind mit ihren Freundinnen

Meine Mutter vor dem Krieg

Ein Foto meiner Eltern aus glücklichen Tagen

Malerwalzen-Erzeugung: Das erste Geschäft meiner Mutter nach dem Krieg

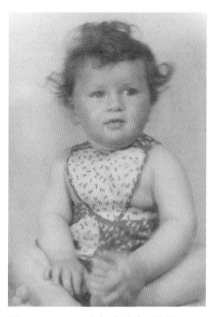

Wonneproppen: Ich als Baby 1947

Mein „Juliska"-Faschingskostüm aus Crêpe-Papier

Ausflug in den Prater: Glücklich mit meinem neuen Fahrrad zum 10. Geburtstag

Mama mit mir als Baby

Der verwöhnte Fratz mit drei Jahren

Unglücklich mit meiner ersten Dauerwelle vor dem Auto meines Vaters

IV

wieder ein „schlimmes Wort" gesagt hatte, wurde mir der Mund mit Seife ausgewaschen, und wenn ich nicht brav war, wurde ich in ein dunkles Zimmer gesperrt. Meine Eltern hatten zwar jetzt ein braves, aber auch ein verstörtes Kind.

In das Internat nach Hietzing musste ich nicht zurück. Weil sie aber keine Zeit hatten, sich um mich zu kümmern, wurde ich in ein anderes Internat, diesmal im Bezirk Kaisermühlen, zu den Salvatorianerinnen, gesteckt. Meine Mutter handelte mit den Schwestern dort einen ganz besonderen Deal aus, um meine Position zu stärken: Die Küche wurde vom Geschäft meiner Eltern ganz unbürokratisch mit Lebensmitteln beliefert, noch dazu in ausreichender Menge. Das war zwar kein Freibrief für mich, aber es machte mein Leben im Internat gleich viel angenehmer.

Besonders schön waren die Wochenenden, an denen ich immer nach Hause durfte. Sowohl Vater als auch Mutter waren als echte Wiener beim Heurigen am glücklichsten. Ich war natürlich immer dabei und mein Vater spendierte mir jedes Mal eine besondere Kindermischung: ein Sechzehntel Wein gemischt mit gleich viel Kracherl (Limonade), serviert in einem Achterl-Glas. Damit war ich natürlich in bester Laune, hab getanzt, gesungen und sozusagen meine ersten Schritte im Showgeschäft gemacht. Weil ich so ein herziges kleines Mädchen war, wurde ich von anderen Gästen oft eingeladen, etwas vorzutragen. Da musste ich immer erst überlegen, was ich denn dafür haben wollte. Und das war gar nicht so einfach! Wenn ich also bereits ein Paar Würstel, eine Schokolade und ein Kracherl bekommen hatte, dann wünschte ich mir einen Bensdorp-Schokoriegel. Aber einen mit Nüssen, der war nämlich doppelt so teuer wie der einfache. Dann kletterte ich auf einen Stuhl und sang Wiener Lieder, die ich von meiner Mutter gelernt hatte. Schon damals war es so: Ob ich wollte oder nicht, ich stand einfach im Mittelpunkt – und das hat sich bis heute nicht sonderlich geändert.

Der Staatsvertrag im Jahr 1955 brachte nicht nur die lang ersehnte politische Freiheit, sondern stellte meine Eltern auch vor zwei ganz neue Herausforderungen. Das Geschäft mit den Russen war zu Ende, das Lebensmittelgeschäft am Vorgartenmarkt wurde geschlossen und ein neues Unternehmen, ein Geschäft mit „Waren aller Art" in der Wachaustraße eröffnet.

Die zweite Herausforderung war jedoch größer: Die Mama hätte in der neuen Republik als Geschäftsfrau die Steuer aus dem USIA-„Konsum" nachzahlen müssen. Dazu war sie jedoch überhaupt nicht bereit. „Die haben mir meine Jugend, meine Familie und mein Leben genommen", sagte sie. „Steuern werd ich sicher keine zahlen."

Nur aus diesem Grund haben sich meine Eltern scheiden lassen und meine Mutter wurde sozusagen vor dem Gesetz „mittellos". Das neue Geschäft lief auf den Namen meines Vaters. Geblieben ist aber alles beim Alten: die gemeinsame Wohnung, das gemeinsame Geschäft und das gemeinsame Leben. Meine Eltern waren ein perfekt zusammengeschweißtes Team, ein Paradebeispiel für die Aufbau-Generation – freilich handelten sie mitunter nach ihren eigenen Gesetzen. Vor der Obrigkeit hatte man keinen Respekt mehr.

Die Mama war eine hervorragende Geschäftsfrau. Was immer sie anpackte, es wurde unter ihren Händen zu Gold. Auch im neuen Geschäft „Waren aller Art" wurde wie wild mit allem gehandelt, das es offiziell am Markt eigentlich gar nicht geben durfte. Besonders einträglich waren die Valuta-Geschäfte, und ich kann mich noch genau erinnern, wie ich am Abend manchmal helfen durfte, das Geld auf dem Küchentisch zu sortieren, das meine Mutter in einer dicken Tasche nach Hause brachte.

Weil immer genug Geld da war, wurde ich entsprechend verwöhnt. Mit Baby-Pumps, Seidenkleidern und Unmengen von Spielzeug. Schon als Kind liebte ich Schuhe, und oft sagte meine Mutter zu mir: „Bei deinen Ansprüchen kannst später nur einen

Schuhfabrikanten heiraten!" Was ich mir gewünscht habe, habe ich bekommen, und wenn meine Mutter nicht so früh gestorben wäre, wäre aus mir bestimmt eine echte Tussi geworden.

Bei manchen dieser zugegebenermaßen am Rande der Legalität schrammenden Geschäfte war ich sogar als Kind beteiligt. In Wien war zu jener Zeit die Uhrenmarke „Doxa" ungemein beliebt und für meine Eltern ein hervorragendes Geschäft. Meine Mama fuhr daher mit mir immer wieder in die Schweiz zum „Einkaufen". Wenn wir an die Grenze kamen, setzte ich mein hübschestes Klein-Mäderl-Gesicht auf, meine Mutter öffnete den üppig gefüllten Brotzeitkorb und wir luden die Zöllner auf eine Jause ein. Kontrolliert wurden wir nie.

Wien war förmlich überschwemmt mit diesen Uhren. Jeder wusste, dass sie von meinen Eltern geschmuggelt waren, beweisen konnte es aber keiner. Sogar ein Tischler wurde beauftragt, Geheimfächer für die Schmugglerware in den Regalen des Geschäftes einzubauen, weil es immer wieder Razzien gab.

Obwohl ich immer über die Geschäfte meiner Eltern Bescheid wusste, hätte ich meine Eltern nie verraten. Einmal musste meine Mutter sogar in Untersuchungshaft. Genutzt hat es der Zollfahndung nichts. „Was daheim g'redet wird, bleibt auch daheim", pflegten meine Eltern zu sagen, und so war ich von Kindheit an eine verschwiegene Mitwisserin über nicht genehmigte Waren-Importe, Zollvergehen oder auch Bestechungsgelder. Einmal hatte meine Mutter, sie war ja eine geschiedene Frau, sogar einen Liebhaber aus der Zollfahndung. Ob es Kalkül oder Liebe war, hat sie mir nie verraten.

Aus heutiger Sicht mag man die Geschäftemacherei meiner Eltern vielleicht moralisch mit Recht in Frage stellen. Damals war es üblich und von Nutzen für alle Beteiligten. Als dann der Schwarzmarkt auch in der öffentlichen Meinung mehr und mehr kriminalisiert wurde, haben sich meine Eltern von dieser Art Geschäfte schnell verabschiedet. Meine Mutter wollte immer in die Gastronomie und schmiedete dafür schon fleißig Pläne. Das Geschäft in der Wachaustraße entwickelte sich schnell zu einem Treffpunkt für den ganzen Bezirk. Im Sommer standen unter einer großen Markise Heurigen-Bänke am Trottoir, Wein und Bier wurde ausgeschenkt, und wenn die Polizei nach der Sperrstunde an die Tür klopfte, wurde sie mit einem Gratis-Schnaps besänftigt. Es war eine andere, es war vor allem eine gemütlichere Zeit.

Gerade in der Schule und bei Freunden war es für mich oft nicht so einfach, den Mund zu halten. Obwohl die elterlichen Geschäfte mehr oder weniger öffentlich bekannt waren, darüber reden durfte und sollte ich freilich auf keinen Fall. Die Schule war überhaupt ein leidiges Thema in meiner Kindheit. Ich war immer die Außenseiterin, weil ich dick und laut war. Die Beleidigungen hab ich mir nur so lang angehört, bis es gereicht hat, dann drohte ich mit der erhobenen Faust. Manchmal habe ich auch zugeschlagen. Ich war immer ein friedliebendes Kind, nur bösartige Hänseleien machten mich zornig.

Viel Schulbildung habe ich in meinem Leben nicht bekommen. Vier Jahre Volksschule, vier Jahre Hauptschule, und als die Mama krank wurde, hab ich das letzte Jahr geschmissen oder besser gesagt einfach bleiben lassen. Mit der Erkrankung meiner Mutter fehlte mir ein geregeltes Leben, als Jugendliche mitten in der Pubertät war ich halt- und planlos. Die Behörde wollte mich in eine Erziehungsanstalt einweisen, das wusste aber mein Vater mit Hinweis auf meine sterbende Mutter zu verhindern. Von diesem Zeitpunkt an wurde ich mit der Schule in Ruhe gelassen.

Zu den schönsten Erinnerungen an meine Kindheit gehören die Urlaube, die ich mit meinen Eltern erleben durfte. Mit einer nagelneuen Fiat-Limousine fuhren wir nach Italien, nach Jugoslawien und oft durch Österreich. Wenn wir unterwegs waren, dann waren wir immer eine richtig glückliche Familie. Es gab keine Zankereien und schon gar kein Geschäft, das zu erledigen war. Im Urlaub hatte ich meine Eltern ganz für mich allein.

Das erste Mal war ich mit zehn Jahren in Venedig: Wir spazierten über den Markusplatz und ich war lästig und quengelte. Meine Mutter versprach, ein Geschenk für mich zu kaufen, und schickte mich zum Schaufensterbummel, während sie mit meinem Vater in einem der Cafés einen Platz suchte. Ich erinnere mich gut, dass ich in diesem Alter auf dem Rosa-Trip war. Alles hatte in der Farbe Rosa zu sein. In einem Schaufenster entdeckte ich ein Collier aus rosaroten Perlen mit passenden Ohrringen und einem Armband. Ich war völlig beglückt und holte meine Mutter: „Du hast wirklich einen guten Geschmack", lobte sie mich. Aber kaufen wollte sie mir den Schmuck nicht. Es waren echte rosa Südsee-Perlen in dieser Auslage eines Nobel-Juweliers und sauteuer. Zielstrebig hatte ich mir das beste Geschäft am Platz ausgesucht. Wir gingen in ein Schuhgeschäft und ich bekam die ersten italienischen Schuhe meines Lebens: rosa gestreifte Sandalen mit einem Keilabsatz aus Kork – der letzte modische Schrei. Die Perlen hatte ich schon kurz darauf vergessen.

Nach den schrecklichen Erlebnissen im Krieg hatten meine Eltern ein großes gemeinsames Ziel: Geld verdienen, unabhängig sein und das Leben in vollen Zügen genießen! Vor allem mein Vater war ein richtiger Genuss-Mensch. Er war schon vor dem Krieg ein Dandy und Frauenheld gewesen. Mindestens dreißig Anzüge hatte er im Schrank hängen, nochmal so viele Schuhe und mindestens gleich viele Verehrerinnen. Ich weiß noch genau, wie er einmal in Ungarn nicht ein, sondern gleich zehn paar Maßschuhe bestellte. Geld war ja genug vorhanden.

Zu dem im Vergleich zu den Vorkriegsjahren weitaus besseren Lebensstil gehörte auch eine nagelneue Eigentumswohnung aus den Mitteln des Wiederaufbau-Fonds, gleich neben dem Geschäft in der Wachaustraße: Sie hatte ein gefliestes Luxusbad mit Warmwasser aus der Gastherme, Teppichboden, „Joka"-Betten, Maßmöbel, eine moderne Einbauküche und ein eigenes Kinderzimmer – eingerichtet mit Möbeln nur vom Feinsten, wie aus dem Modejournal.

Doch bis wir dort einziehen konnten, mussten wir uns vorerst auf engstem Raum zusammenpferchen, denn unsere geräumige Altbauwohnung in der Hofenedergasse wollte der Eigentümer zurück und die neue Wohnung war noch nicht bezugsfertig. Daher ließ meine Mutter einen Lagerraum hinter dem Geschäft als Wohnraum adaptieren und ein Bad einbauen. Fast ein Jahr verging, bis wir endlich wieder eine eigene Wohnung hatten.

Nach meiner Geburt hatte sich meine Mutter gesundheitlich sehr gut erholt und war eine zwar beleibte, aber durchaus begehrenswerte, schöne Frau. Wenn der Vater wieder einmal eine Freundin hatte, kam es schon vor, dass sie sich gleichfalls einen Liebhaber nahm. Ich erinnere mich gut an die feschen jungen Männer, die manchmal bei uns in der Wohnung verkehrten. Meine Vorliebe für jüngere Männer habe ich sicher von meiner Mutter übernommen. Oft schenkte sie ihnen einen Mantel oder einen Anzug aus dem Kleiderschrank meines Vaters. Denn viele Menschen besaßen damals nicht einmal einen Anzug. Das ärgerte meinen Vater zwar ganz fürchterlich, aber er ging ja mit seinen Liebschaften auch ganz ungeniert ins Kaffeehaus. Solche Episoden endeten meistens in melodramatischen Eifersuchtsszenen, gefolgt von liebevollen Versöhnungsritualen.

Einmal ist der Papa sogar mit einer seiner Verehrerinnen durchgebrannt und hat den teuren Schmuck meiner Mutter mitgenommen. Meine Mutter regte sich nicht lange auf, sondern griff zu einer List: Sie ließ im Radio eine Durchsage senden, dass der Herr Bohdal schnell nach Hause kommen möge, weil seine Tochter erkrankt sei. Es dauerte nicht lange und der Vater stand besorgt in der Wohnungstür – mit dem Schmuck im Gepäck.

Meine Eltern waren ein Team und liebten sich trotz zahlreicher Eskapaden und Ausschweifungen bedingungslos. Als es der Mutter gesundheitlich schlechter ging, wurde auch mein Vater zunehmend schwermütiger und trauriger.

Ihr Lebensmotto „aus vollen Zügen genießen" hat sich letztendlich bei meiner Mutter fürchterlich gerächt. Immer wieder war sie wegen ihrer Gesundheit im Spital, hatte Diätschulungen wegen ihres Übergewichts zu besuchen, wurde zuckerkrank und musste regelmäßig Insulin spritzen. Einige Wochen versuchte sie sich zu mäßigen, verfiel aber bald wieder in den alten Trott und nahm auf ihre Gesundheit kaum oder wenig Rücksicht: Immer, wenn es ums Geschäft ging, dann hatte sie weder Schmerzen noch andere Beschwerden. Ihr Gesundheitszustand verschlechterte sich jedoch zusehends. So musste ich als junges Mädchen die Mutter regelmäßig im Laden vertreten, obwohl ich das überhaupt nicht konnte und viel zu jung dafür war. Mein Vater war mit den ganzen Geschäften ohne die Mama völlig überfordert. Sie war der starke Teil in dieser Beziehung.

Wenn meine Mutter daheim war, weil sie wieder einmal zu erschöpft zum Arbeiten war, erzählte sie gern von ihrer Familie und auch vom Judentum. Manchmal sangen wir dann jüdische Lieder: „Ich bin ein Jüdele aus Polen, und handle mit Schuhen ohne Sohlen." Wenn Pessach war, gab es auch Matze zum Abendessen und die Kerzen der Menora (ein siebenarmiger Kerzenleuchter und wichtiges religiöses Symbol) wurden feierlich angezündet. Das Pessach-Fest ist einer der wichtigsten Feiertage im Judentum und erinnert an den Auszug aus Ägypten. Die Wahrheit ist aber, dass meine Mutter mit Religion nicht mehr viel am Hut hatte: „Gott hätt des alles ned zug'lassen", sagte sie und warnte mich immer wieder, den anderen kein Wort davon zu erzählen. Die Angst steckte tief in ihr drin. „Wenn etwas passiert", hat sie regelmäßig zu mir gesagt, „du weißt, du hast einen Onkel in Syrien und deine Familie wird immer für dich da sein, egal was passiert!" Das war in den 50er-Jahren, und Israel hat sie sich noch nicht zu sagen getraut. Ich weiß nicht, ob sie eine Vorahnung hatte, aber bald sollte meine Familie in Israel eine große Stütze in meinem Leben sein. Sie muss gewusst haben, dass mein Vater allein mit mir nicht zurechtkommen würde.

Nach einem letzten gemeinsamen Urlaub in Italien, 1959, musste meine Mutter wieder ins Krankenhaus. Der Diabetes verursachte eine Furunkulose mit grauenvollen Abszessen auf der Haut. Fast ein ganzes Jahr wurde sie in Lainz gepflegt, teilweise konnte sie nicht mehr aufstehen und musste in einem Wasserbett liegen. Ihr Herz war stark, aber der Körper hatte alle Kraft verloren. Es gab keine Hoffnung mehr. Sie wurde von Woche zu Woche schwächer.

Jeden Tag fuhr mein Vater die Mama besuchen, bis er eines Tages heimkam und sagte: „Die Mama ist g'storben!" Wir haben beide ganz schrecklich geweint, und dann sagte der Vater noch etwas völlig Unüberlegtes: „Jetzt is dei Mama g'storben, jetzt ist dein Alles g'storben, jetzt hast nix mehr."

Meine Mutter starb im Sommer 1960. Ich war gerade einmal 14 Jahre alt, mitten in der Pubertät, und meine ganze Welt brach in sich zusammen.

Erst heute, Jahrzehnte später, kann ich verstehen, was in meinem Vater vorging und warum er sich mir gegenüber so rücksichtslos verhielt. Denn für ihn war wirklich alles vorbei. Mit meiner Mutter starb auch ein Teil von ihm. Verstanden habe ich damals nichts. Wie hätte ich auch. Der Tod meiner Mutter war für mich so unwirklich, dass ich überzeugt war, sie komme bald wieder bei der Tür herein. Meine Eltern waren in den schrecklichen und auch in den guten Zeiten das perfekte Team: Meine Mutter mit den geschäftlichen Ideen, mein Vater war der Macher für die Umsetzung. Plötzlich war er alleine, halbiert sozusagen. Er wollte, dass ich mich in das Geschäft stelle und den Platz meiner Mutter einnehme. Das musste einfach völlig schiefgehen. Ich war ja ein Kind, das gerade seine Mutter verloren hatte und konnte seine Erwartungen überhaupt nicht erfüllen. Gekümmert hat sich sowieso keiner um mich. Ich war wieder ganz allein.

GELOBTES LAND

Sommer 1961. Der Bauernhof meines Onkels in Balfouria, Israel: Zufrieden und glücklich saß ich in der sengenden Hitze auf einem altertümlichen Schlepp-Rechen hinter einem Maulesel und schob das Heu auf dem Feld zusammen. Wenn die Arbeit erledigt war, klappte ich den Rechen weg, spornte das Tier kräftig an und raste wie Ben Hur über den Acker – bis es mich einmal nach einer missglückten Kurve der Länge nach auf die Erde schmiss.

· · ·

Selbst bei der Beerdigung meiner Mutter wollte ich ihren Tod nicht wahrhaben. Wie Schneewittchen lag sie in einem Sarg mit einem Deckel aus Glas: wunderschön geschminkt und perfekt gekleidet. Sie sah aus, als ob sie nur schlafen würde. Ich wollte lauthals auflachen, als uns die Trauergäste, einer nach dem anderen, die Hand gaben und Beileid wünschten. Ich wollte zum Sarg hinlaufen und meine Mutter anschreien: „Mami, mach kan Blödsinn und steh auf." Ich wollte, dass wieder alles wie früher war. Aber die Mama ist nicht aufgestanden.

Eine der Liebschaften meines Vaters war Paula, eine Bekannte meiner Mutter, die auch im Geschäft meiner Eltern arbeitete. „Geh, schau a bisserl auf den Ferry", ermutigte sie die Mama, als sie bereits krank war, „damit der Ferry nicht so allein ist." Sie muss wohl das Verhältnis von Paula mit meinem Vater billigend in Kauf genommen haben, bezahlte Vaters Geliebter sogar einmal eine Abtreibung. Der Vater brauchte neben meiner starken Mutter auch eine Person, bei der er den Macho spielen konnte. Und so eine war die Paula eben. Dieses Verhältnis lief schon, bevor meine Mutter starb.

Die Paula, wie mein Vater christlichen Glaubens, ist schon einige Wochen nach dem Tod meiner Mutter bei uns eingezogen, und damit veränderte sich alles. In jüdischen Familien kommen immer zuerst die Kinder. Jetzt war es anders. Der Vater kümmerte sich nur um Paula und ich rangierte unter ferner liefen. In der Wohnung gab es auf einmal verschlossene Türen, diverse Heimlichkeiten, und wir hatten dauernd Streit. Ich tat mein Bestes, um meine Mutter im Geschäft in der Wachaustraße zu ersetzen, stand jedoch den ganzen Tag meist hilflos da und brachte nichts weiter.

Der Vater kümmerte sich um das neue Café, das meine Mutter noch gekauft hatte, und plante dessen Renovierung. Kurz vor ihrem Tod hat sie dieses Geschäft in die Wege geleitet, weil sie eigentlich den Handel mit „Waren alle Art" aufgeben und endgültig in die Gastronomie einsteigen wollte. Ihr Plan war, dass wir das Café gemeinsam führen und ich es später einmal übernehmen sollte. Deswegen borgte ich dem Vater, das hatte ich meiner Mutter am Sterbebett versprochen, auch die eine Million Schilling, die die Mama für mich erspart hatte.

Es waren entsetzliche Wochen, die ich wie in Trance erlebte. Eine Geschichte nahm mich besonders mit: Der Vater ließ die komplette Garderobe meiner Mutter bei unserer Schneiderin für mich ändern, damit ich die Sachen auftragen konnte. Er hatte keine Ahnung, was er mir damit antat. Nämlich grauenvolle Albträume: Ich träumte fast jede Nacht, dass meine Mutter zurückkommt und nichts zum Anziehen hat. „Mami, ich wollt das nicht, wirklich ...", schrie ich im Schlaf und wachte schweißgebadet auf. Es sollten fast drei Jahre vergehen, bis mich diese Träume endlich verließen.

Mein Glück war vielleicht, dass ich schon als Kind gelernt hatte, gut zu verdrängen. Wie hätte ich diese Monate nach dem Tod meiner Mutter überstehen können, wenn mir mein von der Natur gegebenes fröhliches Naturell nicht geholfen hätte? Wenn ich wieder einmal ganz niedergeschlagen und traurig war, legte ich mich hin und versuchte zu schlafen. Am nächsten Tag ging es wieder. Irgendwie halt.

Dann fuhr der Vater auch noch gemeinsam mit seiner Paula zwei lange Monate auf Urlaub. Das war ein herber Schlag für mich. Denn diese Reise nach Spanien und Marokko hatte er einige Jahre zuvor mir ganz allein versprochen! Sie ließen mich in den großen Ferien als 14-Jährige in Wien zurück und wiesen mich beim Abschied an, die Wohnung zu putzen. Ich blöde Kuh fing sogar noch an, den Boden aufzuwaschen, bis mir dämmerte, was da eigentlich vor sich ging. Ich ließ den Putzkübel so stehen, wie er da stand, und verbrachte den ganzen Sommer im Prater mit Freunden oder auch allein. Was mir da alles hätte passieren können!

Aus Israel schrieb Onkel Emil regelmäßig Briefe: „Gittele, komm nach Israel und besuch deine Familie." Irgendwann hatte der Vater ein Einsehen und kaufte ein Flugticket. Ich freute mich natürlich wahnsinnig und kam mir besonders schick und nobel vor, weil ich fliegen durfte. Mit vierzehneinhalb Jahren durfte ich das erste Mal nach Israel reisen. Ich saß aufgetakelt in einem Schneider-Kostüm im Flugzeug und tat ganz „fürnehm". Neben mir saß ein alter, frommer Jude samt Beikeles (Schläfenlocken) und Samthut und bohrte in der Nase. So nobel ist das Fliegen nun auch wieder nicht, dachte ich im Stillen, denn ich fühlte mich als Frau von Welt.

Ich kann mich noch gut erinnern, wie aufgeregt ich war, als ich gegen Mitternacht am Flughafen Ben Gurion in Tel Aviv ankam. Hier gibt es nur lauter dunkle Menschen, wo bin ich da nur hingeraten, dachte ich. Der Vater hatte mir ein paar hundert Dollar gegeben und mir eingeschärft, mit keinem fremden Menschen auch nur ein Wort zu reden. „Dein Onkel Emil wird dich abholen. Es kann dir nix passieren!" Ich schleppte also den schweren Koffer zum Ausgang. Von Onkel Emil keine Spur. Ich setzte mich auf eine Bank und wartete. Stunde um Stunde verging, kein Onkel war in Sicht. Als dann die Morgendämmerung kam, hatte ein Taxifahrer endlich Erbarmen und sprach mich an. Natürlich auf Hebräisch. Ich verstand kein Wort und mein Englisch war auch nicht gut. Er probierte es halb Jiddisch, halb Englisch, da konnte ich ihn verstehen. Wir handelten einen Fahrpreis aus und für 50 Dollar fuhr er mich zu meiner Familie in den Norden von Israel.

Nur nicht einschlafen, schärfte ich mir selbst beim Einsteigen fest ein. Du wirst sonst in einem Straßengraben aufwachen, geschändet oder bestohlen! Ich konnte das nicht einmal zu Ende denken, da fielen mir die Augen schon zu. Aufgewacht bin ich erst wieder, als mich zwei Frauen im Taxi plötzlich von oben bis unten abschmusten: meine Cousine Talma und ihre Mutter Rifka. Später fanden wir heraus, dass ich aus unerklärlichen Gründen nicht auf der Passagierliste stand und der Onkel daher in Tel Aviv bei seinem Bruder Bela übernachtete, um auf die Maschine am nächsten Tag zu warten. Bela hatte die Deportation nach Auschwitz überlebt und emigrierte nach dem Krieg nach Israel.

Da war ich nun also: Die Gittele vom Mexikoplatz im gelobten Heiligen Land. Das verwöhnte dicke Mäderl aus der Stadt mit ihrem Kleidchen, den Schühchen und der viel zu damenhaften Handtasche. Ich war bestimmt ein lustiger Anblick für die ländliche Dorfbevölkerung. Meine Ankunft hatte sich schnell rumgesprochen. Von der ersten Sekunde an fühlte ich mich pudelwohl, und es begannen die schönsten Wochen meiner Jugend.

Onkel Emil und Tante Rifka führten ein einfaches, arbeitsreiches und trotzdem zufriedenes Leben als Bauern in einer von Menschenhand urbar gemachten Region im Norden des Landes, zwischen Afula und Nazareth. Es gab Kühe und Ziegen, und ich machte mich als Stadtkind gleich am ersten Tag ein wenig lächerlich, weil ich mit staunenden Augen ein Maultier als Pferd bezeichnete und gleich darauf ins nächste Fettnäpfchen trat: Ich wagte es, Zucker für meinen Kaffee zu verlangen. „Was?", empörte sich die Tante: „Du bist viel zu dick, nimm Süßstoff!" Das tat ich dann die nächsten 30 Jahre meines Lebens. Inzwischen trinke ich meinen Kaffee ohne Zucker und ohne Süßstoff. Dafür mit Milch!

Der Bauernhof lag auf einem leicht abfallenden Gelände, umgeben von Feldern: ein einfaches, gemauertes Haus aus Stein mit einem Flachdach. Es gab eine große Wohnküche mit einer Tür in den Innenhof, eigene Schlafzimmer für mich, meine Cousine und meinen Cousin sowie für Tante und Onkel. Gegenüber dem Haus, auf der anderen Seite des Innenhofs, waren die Ställe und Schuppen. Es gab eine wunderbare Obstplantage, und sogar einige Reihen Trauben hatte der Onkel gepflanzt. Zum ersten Mal in meinem Leben sah ich auch eine Art Boiler auf dem Dach eines Hauses, um die Sonne für die Warmwasserbereitung zu nutzen.

Die Verwandtschaft tat mir gut. Ich konnte die aufreibenden vergangenen Monate endlich hinter mir lassen, wieder das unbedarfte Kind sein, das ich eigentlich nicht mehr war, und mich erholen. Der Bauernhof war wie ein Garten Eden. Die Mandarinen wuchsen auf einem Baum vor dem Wohnzimmer, ich aß zum ersten Mal in meinem Leben Zitronen, die nicht sauer waren, und die anstrengende Arbeit auf dem Hof machte mir sogar Spaß. Nur zum Anziehen hatte ich nichts Passendes aus Wien mitgebracht. Also borgte mir mein Onkel, ein schwerer, großer Mann, ein paar von seinen Hosen. Sehr wohl fühlte ich mich nicht darin. Ich sah aus wie eine dicke Vogelscheuche: mit zu langen aufgekrempelten Hosen, ausgetretenen Gummistiefeln und einem alten, schlabbrigen Strohhut als Schutz gegen die Sonne.

Wegen der harten Arbeit und auch, weil die Tante mich auf Diät setzte, verlor ich in nur wenigen Wochen einiges an Gewicht. Allerdings hatte ich auch immer Hunger und lief dauernd in den Obstgarten, um die eine oder andere Frucht vom Baum zu pflücken. Im Handumdrehen hatte ich 20 Kilo abgenommen. Als Belohnung versprach Tante Rifka, mir ein Kleid zu kaufen. Wir fuhren mit einer ganzen Ladung Eier nach Afula auf den Markt und vom Verkaufserlös bekam ich ein hübsches Sommerkleid.

Erst am Abend kamen wir wieder nach Hause zurück – uns erwartete eine böse Überraschung: Der Wassersprinkler im Hühnerstall war defekt und zehn Hühner lagen komatös in den Ecken. Die Männer waren nicht zu Hause, was sollten wir nur tun? Die Tante war völlig aufgelöst, weil man diese halbtoten Hühner nicht zum Schächten bringen konnte, sprich die rituelle Schlachtung durchführen. Daher entschied ich mich, das Unvermeidbare mit eigener Hand zu erledigen. Ich schnappte mir kurzerhand ein Messer und köpfte ein Huhn nach dem anderen. Wenn ich gewusst hätte, was für eine Arbeit auf uns zukommen würde, hätte ich kein einziges Tier angerührt. Die halbe Nacht saßen wir, um die Suppenhühner zu verarbeiten. Eine ganze Woche lang gab es dann dreimal am Tag zähe Suppenhühner zum Essen, die Henderln blieben mir schon im Halse stecken. Für meine Familie aber war ich eine Heldin, und die Tante war zumindest ein paar Tage netter zu mir.

Weil der Onkel weg musste und eine Kuh kurz vor dem Kalben war, bekam ich nach meiner Hühner-Notschlacht-Aktion von ihm eindeutige Instruktionen, was in diesem Fall zu tun sei. Der Onkel fuhr weg, und prompt fing die Kuh zu kalben an. Mit aller Kraft zog ich mit einem Strick das Tier auf die Welt. Als es endlich geschafft war und das Kalb auf dem Stroh lag, rutschte ich mit den Gummistiefeln aus und saß mit dem Arsch mitten in der Scheiße. So gestunken hatte ich in meinem ganzen Leben noch nicht.

Trotzdem: Es war eine schöne Zeit. Auch deswegen, weil ich es aus Wien nicht kannte, dass sich Erwachsene gegenüber Kindern und Jugendlichen so aufgeschlossen und freundlich zeigten. Jeder akzeptierte mich, auch wenn ich ein wenig dicker war als die anderen. Bei uns daheim musste man immer nur kuschen. Gut, ich tat das sowieso nicht. Nur, in Israel verlangte es auch kein Mensch!

An einem lauen Sommerabend am Freitagabend vor dem Sabbat (der Samstag ist im Judentum der „Ruhetag", ähnlich dem Sonntag im Christentum), saß ich einmal nach getaner Arbeit frisch gewaschen vor dem Haus und genoss die Abendstimmung, als ein Militärlaster um die Kurve bog und die darauf versammelte Dorfjugend mir zuwinkte: „Wir suchen das Mädchen aus Wien, das so gut singen und Boogie-Woogie tanzen kann. Wir haben eine Party und wir wollen dich einladen." Der Onkel verbot es in der Sekunde. Mir war das aber egal, in nur fünf Minuten war ich umgezogen und mit den anderen dahin.

Auf diesem Fest versuchte ein sehr dünner orientalischer Koch mich zu verführen. „Willst du was Gutes essen?", fragte er und zog mich in die Küche. Dort stand ein Bottich mit Pudding und frischen Früchten auf dem Boden. Ich fuhr mit dem Finger hinein und probierte: „Lecker!" Dann versuchte er mich anzufassen. Das ließ ich mir natürlich nicht gefallen, drohte mit der Faust, ihn in den Pudding-Bottich zu werfen, verließ die Küche und feierte mit den anderen weiter, als ob nichts gewesen wäre. Von Burschen wollte ich damals noch nicht viel wissen. Es reichte mir völlig, zu den Platten mit den Hits von damals zu singen und mit den anderen zu tanzen. Wir waren eine richtige Clique, fuhren gemeinsam ans Meer und aßen unterwegs beim Picknick die frischen Melonen direkt vom Feld. Wir waren frei und unbeschwert – und ich war glücklich.

Offizielles Passfoto: Ich mit 13 Jahren, als meine Mutter krank wurde

Erster Besuch in Israel vor dem Haus des Onkels in Balfouria

Meine neue Heimat Israel: Mit meinen Freundinnen bei der Feldarbeit

Mit 15 Jahren: Nichtraucherin mit einem Spitz

Verführerisch beim Servieren im „Espresso Gitti"

Das nagelneue „Espresso Gitti": Mein Vater stolz hinter der Bar mit seiner zweiten Frau Paula

Sehnsucht: Bei der Arbeit war ich in Gedanken längst wieder in Israel

Mit 16-einhalb Jahren inmitten meiner Clique beim abendlichen Ausgang

VIII

Die Familie wollte, dass ich in Israel bleibe, weiter zur Schule gehe und, wie Cousin und Cousine, studiere. Doch dann erreichte mich ein Brief des Vaters, dass das Kaffeehaus jetzt fertig sei und ich heimkommen solle. Er brauchte mich, denn schließlich war es ja mein Café.

Damals hörte ich noch nicht auf meine Bedürfnisse und befolgte meist unüberlegt und gegen besseres Wissen die Wünsche der anderen. Es war ja mein Papi, der mich zu Hause haben wollte, und meinen Papi liebte ich damals noch über alles. Je älter ich dann wurde, umso weniger ließ ich mich von anderen beeinflussen und hörte mehr auf meinen Bauch und meine Wünsche.

Im Flugzeug zurück nach Wien weinte ich so bitterlich, dass mir eine Stewardess eine Schlaftablette gab, weil ich mich nicht beruhigen konnte. Es war ein sehr schwerer Abschied. Tief im Inneren meines Herzens wollte ich nämlich überhaupt nicht nach Wien zurück.

ESPRESSO GITTI

Juni 1962. Ein Schönheitssalon in der Wiener Innenstadt. Bei einem Gesangswettbewerb in einer Diskothek gewann ich den ersten Preis: eine Schönheits- und Schlankheitskur in einem vornehmen Kosmetik-Salon. Und das mit gut 100 Kilo Lebendgewicht! In dem Salon stellte man mich auf einen dieser Rüttler, die aus den USA importiert wurden. Nach nur wenigen Minuten wurde mir derart schlecht, dass ich mich übergeben musste. Das war's dann mit der Schönheits- und Schlankheitskur – und von meinem Gewinn für den ersten Platz hatte ich rein gar nichts.

• • •

In Wien holte mich der anstrengende Arbeitsalltag im Café meines Vaters schnell ein. Sechs Tage in der Woche musste ich von acht Uhr morgens bis acht Uhr abends die Gäste bedienen und danach auch noch putzen. Die Arbeit als Kellnerin störte mich nicht, die Putzerei dagegen schon sehr.

Mit der einen Million Schilling aus dem Erbe meiner Mutter, es war ja eigentlich mein Geld, hatte der Vater das schönste Espresso von ganz Wien am Mexikoplatz gebaut und mir zu Ehren „Espresso Gitti" benannt. Die Einrichtung war modern und im Stil der 60er-Jahre gehalten: Es gab eine lange Theke mit abgerundeten Ecken, eine chromblitzende Kaffeemaschine aus Italien, hübsche Nierentische mit ausgestellten Beinen und passende Sessel bezogen mit farbigem Kunstleder. Und es gab natürlich eine Jukebox, in der die Hits der damaligen Zeit rauf und runter gespielt wurden. Es war ein schickes Kaffeehaus und die Geschäfte liefen gut. Schon vom weitem konnte man das rotblinkende „Espresso"-Neonschild sehen!

Ich hatte die Tagschicht, mein Vater und seine Lebensgefährtin arbeiteten in der Nacht. Alte Freunde tauchten wieder auf, neue kamen dazu und wir waren eine lustige Clique: Meistens trafen wir uns alle nach der Arbeit bei mir im Café und überlegten uns etwas für den Abend: Kino, Eislaufen oder Jugendclub. Allein daheim sitzen wollte ich auf gar keinen Fall. Geld hatte ich nicht sehr viel, doch vom Trinkgeld konnte ich ganz gut leben und meinem Drang nach Vergnügungen nachgehen.

Genau deswegen gab es daheim meistens Ärger und Streit. Der Vater wollte nicht, dass ich ständig unterwegs war, weil ich in der Früh dann nicht aus den Federn kam. Ich aber wollte einfach nur meinen Spaß: mich mit Freundinnen treffen, mich hübsch frisieren und anziehen und ein lustiges Leben führen. Auf die Idee, mir Gedanken über meine Zukunft zu machen, kam ich in dieser Zeit überhaupt nicht. So verlief fast jeder Tag im gleichen Trott. Der Vater kam mit der Paula gegen halb drei Uhr morgens aus dem Espresso, eine Stunde zuvor schlüpfte ich meistens erst unter die Bettdecke. In der Früh dann konnte ich natürlich vor lauter Müdigkeit kaum aufstehen und wurde wieder geschimpft.

Eines Tages saßen wir ein wenig gelangweilt im Espresso und meine Freunde suchten in der Tageszeitung nach Veranstaltungshinweisen. Dabei entdeckten sie eine Anzeige für einen Talentwettbewerb in einem Tanzlokal in der Innenstadt: „Gitti, du kannst so gut singen, da müssen wir unbedingt hingehen", hörte ich mit einem eindeutigen Hinweis auf die möglichen Preise. „Es gibt eine Flasche Martini und Friseur-Gutscheine zu gewinnen." Wir machten uns hübsch und fuhren in die Stadt. In der Jury saßen der berühmte Jazz-Musiker Fatty George und Willy Kralik, ein junger Moderator, der damals im gerade aufkommenden österreichischen Fernsehen die TV-Teenagerparty „Leute von heute" moderierte. Ich zögerte nicht lange, ging auf die Bühne, und als der Pianist nach der Tonart fragte, meinte ich

nur irritiert: „Tonart? Waaß i ned!" – „Wie soll ich dann beglei-
ten?", fragte der arme Pianist. „Gar nicht", lautete meine knappe
Antwort, „Ich singe ohne Klavier!" Ich fragte im Publikum nach
einem Hut. Den bekam ich auch und fing zu singen an: „Es geht
die Lou lila, von Kopf bis Schuh lila, auch das Dessous lila ..." Es
war das einzige Lied, von dem ich den Text konnte. Ein beliebter
Schlager aus den Dreißigern, den mir vor Jahren eine Angestellte
im Geschäft der Eltern beigebracht hatte. Ich belegte den ersten
Platz und teilte zufrieden den Preis mit meinen Freunden. In
diese Zeit fiel auch meine erste, unglückliche Liebe: In der Clique
gab es einen ganz Lieben, den Werner. Der war mein großer
Schwarm und die Sehnsucht meiner Nächte. Er war immer sehr
lieb, freundlich und nett zu mir. Berührt hat er mich nie, außer
ganz sittlich beim Tanzen. Er mag mich nicht, weil ich so dick
bin, war die einzige schlüssige Erklärung, die ich fand, und war
darüber sehr unglücklich. Nur, seine Distanziertheit hatte rein
gar nichts mit meinem Gewicht zu tun. Mein Vater, vor dem
meine Freunde einen Heidenrespekt hatten, hatte allen Jungs der
Clique eingeschärft: „Wenn einer meiner Gitti an die Wäsche
geht, dann bekommt er es mit mir zu tun." Und ich wunderte
mich, dass ich keinen Freund fand!

Später, als ich meine ersten Erfolge hatte, schrieben einige
Journalisten, ich sei ein Kinderstar gewesen. Das ist schlichtweg
falsch. Diese Talentwettbewerbe waren damals groß in Mode
und ich hatte meinen Spaß dabei. Ich habe bis heute keine fun-
dierte Stimm- oder Gesangsausbildung, noch kann ich Noten
lesen. Damals an eine Karriere als Sängerin zu denken, kam mir
schon gar nicht in den Sinn. Singen macht Spaß, aber das ist
doch kein Beruf, war ich überzeugt, und einen großen Stellen-
wert hatte es in meinem Leben sowieso nicht. Man darf nicht
vergessen, dass die Unterhaltungsbranche in jener Zeit eigentlich
einen schlechten Ruf hatte: Wenn einer sagte: „Mädchen, ich
bring dich zum Film" oder „Ich mach aus dir einen Schlagerstar",

dann wollte er dich gefügig machen. Diese Masche zog bei mir aber schon gar nicht.

Auf jeden Fall gewann ich dann einige Wochen später sogar die Endausscheidung des Talentwettbewerbs. Für diesen Auftritt ließ ich mir ein neues Kleid anfertigen, ein Hemdblusenkleid, wie es damals groß in Mode war: schwarz-weiß gestreift mit einem langen Kragen. Meine schönen langen Haare waren perfekt frisiert und ich trug Stöckelschuhe – und machte trotz meiner Leibesfülle eine gute Figur. Als Gewinnerin des Wettbewerbs versprach man mir einen Plattenvertrag, und ich wurde in ein Studio für eine Schallplattenaufnahme eingeladen.

Vielleicht wegen meiner Körperfülle und auch wegen meines Temperaments plante man, aus mir eine österreichische Trude Herr zu machen (in den 50er- und 60er-Jahren ein in Deutschland sehr beliebter Film- und Schlagerstar). Sogar ein Manager tauchte aus dem Nichts auf. Das war ein gewisser Herr Mohr, den ich immer mit „Mein Herr Sümpfchen" titulierte. So richtig mitbekommen habe ich nicht, was damals vor sich ging, und fand es nur lustig. Ein Fotograf machte Aufnahmen und ein Künstlername wurde mir aufs Auge gedrückt. Dolly Darling sollte ich schreiben üben, denn mit meinem Mädchennamen, Martha „Gitti" Bohdal, könne man keine Karriere machen, wurde ich belehrt. Ein Lied wurde extra für mich geschrieben, an das ich mich noch erinnern kann: „Wo ist der Mann im Tanzlokal", ein sogenannter Madison, ein Partytanz, der damals groß in Mode war. Aber ehrlich gesagt interessierte mich die ganze Sache nicht sonderlich. Dem Papa erzählte ich gar nichts davon. Singen hat mir Spaß gemacht, mehr aber nicht.

Daheim wurde die Stimmung immer schlechter und erreichte schließlich einen traurigen Tiefpunkt: Wieder einmal sollte ich im Geschäft die Putzfrau spielen und auf Anweisung meines Vaters die Glasregale hinter der Theke putzen. Entsprechend unmotiviert fing ich mit grantigem Gesicht an, die Glasscheiben abzuwischen – von unten nach oben. Genauso, wie man es nicht machen sollte. Ein Gast beobachtete mich und wagte es auch noch, mich zu kritisieren. Mehr brauchte ich nicht! Ich schmiss ihm gereizt ein paar Schimpfwörter an den Kopf und den Putzfetzen gleich hinterher. Das bekam mein Vater mit und daraufhin hagelte es Ohrfeigen den ganzen Weg vom Café bis in unsere Wohnung in der Wachaustraße. Ich war außer mir vor Zorn, beschimpfte ihn und drohte wegzulaufen. An diesem Abend kam mein Vater jede Stunde vom Geschäft in die Wohnung und kontrollierte, ob ich noch zu Hause war. Ich hätte doch gar nicht gewusst, wohin ich gehen sollte. Ich war nur wütend und traurig zugleich.

Kurze Zeit später erreichte mich ein Brief meines Onkels aus Israel, dass meine Cousine heiraten würde und ich eingeladen sei. Gespartes Geld für das Flugticket hatte ich keins, und der Vater wollte mir das Ticket nicht kaufen. Da kam mir der Zufall zu Hilfe: Es gab einen heftigen Streit zwischen dem Vater und seiner Freundin und er brauchte mich zum Ausheulen. Ich nutzte die Chance und redete so lang auf ihn ein, bis er mir versprach, den Flug nach Israel zu bezahlen. Freilich versöhnten sich die beiden schnell wieder. Das Versprechen jedoch konnte er nicht zurücknehmen.

Ich wollte weg aus Wien. Diese dauernden Streitereien daheim, diese ständigen Diskussionen über die Arbeit wurden mit jedem Tag immer mühsamer. Die familiäre Harmonie, die es zu Lebzeiten meiner Mutter immer gab, war verschwunden. Schlimmer noch: Ich hatte das Gefühl, ich gehörte nicht mehr dazu.

Also bestieg ich kurz nach meinem Geburtstag 1963 ein Flugzeug, um ein zweites Mal meine Familie in Israel zu besuchen. Ich wollte weg, mein eigenes, freies Leben führen. Es sollte zehn Jahre dauern, bis ich wieder nach Österreich zurückkehrte.

HEIMAT ISRAEL

März 1964. Haifa, Israel. Eines Tages fuhr ich mit dem Bus zum Berg Karmel. Ich saß, ganz in mich gekehrt, auf einer Bank, ließ meinen Gedanken freien Lauf und den Blick über die Landschaft schweifen: vom Horizont des Mittelmeers zur Bucht von Haifa und auf die andere Seite in das Jezreel-Tal im Landesinneren. Wie schön es hier doch war. Nach diesem Erlebnis wusste ich: Hier gefällt es mir, hier gehe ich nicht mehr weg. Hier will ich mein Leben verbringen.

• • •

Endlich war ich der Enge Wiens und den ewigen Streitereien entkommen. Ich fühlte mich befreit, ungebunden und glücklich. Die Hochzeit meiner Cousine versetzte mich in absolute Hochstimmung und gab mir das Gefühl, mein Leben nun nach meinen eigenen Vorstellungen gestalten zu können. Was sollte ich mir Gedanken über meine Zukunft machen! Ich wollte Spaß haben, so viel wie nur möglich. Als dann der Alltag nach der Hochzeit wieder einkehrte, fing mein Onkel an, wie der Vater zu Hause, mich zu nerven und unter Druck zu setzen. „Was willst du jetzt in Israel mit deinem Leben anfangen?", fragte er ständig. „Überleg dir was!" Ich hatte keine Ahnung, was ich aus meinem Leben machen sollte. Eigentlich wollte ich nur einen lustigen Mann finden, fünf Kinder in die Welt setzen und in einer Villa Kunterbunt leben. Mehr nicht. Also half ich weiterhin in der Landwirtschaft, und die endlosen Diskussionen über meine Zukunft nervten weiter. Der Wunsch des Onkels war, dass ich wieder zur Schule ging, doch dazu hatte ich überhaupt keine Lust. Ich war nicht mehr das unbedarfte Kind, das ich bei meinem ersten Besuch in Israel gewesen war, und daher nicht mehr so leicht zu beeinflussen. Vielleicht war auch deswegen die Tante so gehässig und ihre Sticheleien teilweise unerträglich. „Du bist wie ein junges Pferd und gehörst gezähmt!" Diesen Ausspruch habe ich mir bis heute gemerkt.

Die Stimmung war zunehmend spannungsgeladener, und als wir wieder einmal eine heftige Auseinandersetzung hatten, reichte es mir und ich packte meine Koffer. Ich wollte nur weg, raus aus diesem Narrenhaus. Da ich aber drei Koffer hatte und wegen meiner Körperfülle mit zwei Koffern in den Händen bereits meine liebe Not und Mühe hatte, schleppte ich jeweils einen Koffer in Richtung Haltestelle, lief zurück und holte den nächsten: hin und her, fluchend und schimpfend, bis endlich alle Gepäckstücke bei der Bushaltestelle standen. Schweißgebadet fuhr ich nach Haifa. Am Busbahnhof verstaute ich mein Gepäck und ging schnurstracks zum Büro der Einwanderungsbehörde. Israel war Anfang der 60er-Jahre immer noch ein Land mit jährlich Zehntausenden Einwanderern. „Ich bin ein jüdisches Kind aus Wien, ich brauche einen Platz zum Schlafen und Arbeit. Und ich geh da nicht weg, bis ich beides bekomme!" Der Beamte hinter dem Schalter blickte mich fassungslos an, griff zum Telefon und ich hörte ihn auf Jiddisch murmeln: „Do bei mir sitzt eine Meschuggene aus Österreich ..."

Frechheit siegt! Ich bekam einen Arbeitsplatz als Kellnerin in einem Rehabilitationszentrum in der Stadt Nazareth und ein eigenes Zimmer zum Wohnen. Dort arbeiteten viele Frauen in meinem Alter und ich fand gleich Anschluss. Ich konnte zwar nur ein paar Brocken Hebräisch, kam jedoch mit einer abstrusen Mischung aus Englisch, Deutsch und Jiddisch gut zurecht. Wie ich es von unserem Kaffeehaus gewohnt war, versuchte ich die Wünsche der Gäste zu erfüllen. Sehr zum Missfallen der Chefin. „Das ist ein Rehabilitationszentrum und kein Sterne-Restaurant", maßregelte sie mich. Dafür war ich bei den Gästen sehr beliebt, bei der Chefin erwartungsgemäß weniger.

Jeden Freitag Abend, zum Sabbat, spielte ein Musiker im Restaurant für die Kurgäste auf und so konnte ich auch wieder tanzen und singen – sehr zum Gefallen der Gäste, die mir dafür ein großzügiges Trinkgeld gaben. Die Kollegen versuchten mich nach ein paar Wochen mit dem Musiker zu verkuppeln, ich fand ihn allerdings wenig attraktiv und für meinen Geschmack sowieso zu alt. Eines Tages gastierte ein Zirkus in Nazareth und ich bekam von dem Musiker, der dort im Orchester aushalf, eine Freikarte geschenkt. Freilich nicht ohne Hintergedanken. Was soll's, a wenig Abwechslung, dachte ich mir, und sagte zu. Wir fuhren mit seinem Moped zum Zirkus, doch auf dem Rückweg versagte das klapprige Gefährt seinen Dienst. „Du hast zu viel Gewicht", stänkerte er und ließ mich absteigen. Doch statt gemeinsam den kleinen Berg zu Fuß zu überwinden, fuhr der Trottel einfach davon und ich musste in der Nacht allein den ganzen Weg nach Hause gehen. Ich hatte eine solche Wut im Bauch, dass mir richtig schlecht wurde. Den Musiker würdigte ich nie wieder eines Blickes.

Dann passierte noch eine weitere unangenehme Geschichte: Wir Mädchen im Restaurant veranstalteten hin und wieder einen Wettbewerb, wer mehr Geschirr auf den Servierwagen türmen konnte. Bis eines Tages mein Wagen an einem Hindernis am Boden hängen blieb – und ein Teil des Geschirrs mit einem riesigen Krach zu Boden fiel. Die Leiterin des Restaurants war außer sich und schimpfte wie ein Rohrspatz. Der Schaden war freilich über eine Versicherung gedeckt. Ich hatte genug und wollte dort nicht länger bleiben. Noch dazu konnte ich am Wochenende jetzt auch nicht mehr singen und tanzen, weil ich ja auf den Musiker beleidigt war, und beschloss daher zu kündigen. Ich packte meine Koffer und ging.

Mit dem Onkel hatte ich mich inzwischen versöhnt und konnte dort übergangsweise wieder einziehen. Die Einwanderungsbehörde riet mir, einen Sprachkurs in einem Kibbuz zu besuchen. Sie schickte mich in den Kibbuz Misra, eine der ältesten landwirtschaftlichen Kollektivsiedlungen in Israel, und ich stellte mich dort vor. In den Kurs durfte ich mich einschreiben, dort zu wohnen gestattete man mir allerdings nicht. Ich sei zu dick, um auch die Arbeitsverpflichtungen erfüllen zu können. Wieder einmal hatte mein Gewicht zu einer negativen Entscheidung geführt. Ich fuhr niedergeschlagen und deprimiert zum Haus der Familie zurück. Den Kurs konnte ich besuchen, aber wo sollte ich wohnen? Haifa war viel zu weit weg und so zog ich wieder bei Onkel und Tante in Balfouria ein, nur zwei Busstationen vom Kibbuz entfernt.

Überraschenderweise fiel es mir sehr leicht, Hebräisch zu lernen, und ich war die erste in der Klasse, die flüssig sprechen konnte. Unser Lehrer war ein KZ-Überlebender aus Deutschland, der den Eid abgelegt hatte, nie wieder ein Wort Deutsch zu sprechen. Und so sehr ich mich auch bemühte, er hat mir beim Übersetzen tatsächlich kein einziges Mal ein deutsches Wort vorgesagt. Ein halbes Jahr lebte ich im Kibbuz in Misra. Weil ich mich gut einordnen konnte und sehr beliebt war, durfte ich nach eineinhalb Monaten auch dort wohnen. In einer kollektiven Lebensform, so lautet die offizielle Definition eines Kibbuz, muss jeder seinen Teil für das Funktionieren der Gemeinschaft beitragen. Ich wurde für verschiedenste Arbeiten eingeteilt: Ich half im Hühnerstall, in der Küche und bei der Orangen- und Grapefruit-Ernte. Heute denke ich gerne an dieses halbe Jahr zurück, weil ich anerkannt und in eine Gemeinschaft aufgenommen war. Ich fand es toll, dass jeder Kibbuz-Bewohner die gleichen Aufgaben zu erledigen hatte, egal ob ein Hochschulprofessor oder eine Magd aus dem Schtetl.

Als ich eines Tages in der Küche half, überkam mich plötzlich meine angeborene Lust auf Blödsinn. In bester Laune stellte ich mich mit bloßen Füßen in eine der großen Abwaschschüsseln und sang: „I'm Singing In The Rain". Am nächsten Tag bekam ich von der Kibbuz-Leitung eine richtige Strafpredigt. Vielleicht wurde ich auch deswegen jeden Tag zum Tellerwaschen eingeteilt. Zwei Tage vor dem Ende meines Kurses wurde eine Geschirrspülmaschine geliefert. Da war ich so richtig sauer.

Meine Kurskollegen stammten aus allen Teilen der Welt: aus Rumänien, Südafrika und den USA. Der Südafrikaner wurde von seiner Familie nach Israel geschickt, um eine Frau zu finden. Der arme Junge musste neben mir sitzen und hatte immer einen roten Kopf. Ich glaube, der hat mit meiner lauten Art echt Probleme gehabt. Auch in so manches Fettnäpfchen bin ich getreten. Beim Bodenfegen trällerte ich gern ein Liedchen. Zum Beispiel „Schwarzbraun ist die Haselnuss ...", nicht ahnend, dass dieses Volkslied von den Nazis für deren Propaganda missbraucht worden war. Keiner hat sich beschwert, irgendwann hat mich aber eine ältere KZ-Überlebende zur Seite genommen und mich aufgeklärt. Es war mir wirklich peinlich.

Ich teilte das Zimmer mit einer Schwedin, ich erinnere mich sogar noch an ihren Namen, Inga. Wir schlossen Freundschaft, richteten den Raum in dem einfachen Holzhaus so gemütlich wie nur möglich ein und hatten viel Spaß. Wenn es am Abend etwas kühl wurde, legten wir Tannenzweige und Orangenschalen auf den Petroleumofen und es verbreitete sich ein herrlich angenehmer Duft in unserem Zimmer.

Unbewusst übernahm ich unter den Kollegen die Rolle einer Vermittlerin zwischen den Kulturen und brachte mit meiner herzlichen und offenen Art Leben in die Gemeinschaft. Im Kibbuz bekam ich auch meinen hebräischen Namen Tova. In meinem Abschlusszeugnis stand: Sprechen Sehr gut, Schreiben und Lesen Befriedigend. Kann sehr gut mit Menschen umgehen.

Hoch motiviert kehrte ich mit meinen neu gewonnenen Hebräisch-Kenntnissen nach Haifa zurück. Mir wurde ein Zimmer in einem Frauenwohnheim zugeteilt. Weil ich bereits in Wien gern Friseurin lernen wollte, schrieb ich mich für einen Kurs zur Friseur-Ausbildung in einem Berufsbildungszentrum ein. Um die Zeit bis zum Kursbeginn zu überbrücken, suchte ich eine Stelle als Kindermädchen bei einer Friseurmeisterin. In meiner Obhut waren ein Baby und ein unmögliches kleines Mädchen. Eine echte Göre, die mir meine letzten Nerven raubte. Das ist die Strafe Gottes, weil du als Kind genauso schlimm und jähzornig warst, ging es mir dauernd durch den Kopf. Irgendwie schaffte ich auch diese Herausforderung. Nur die Bösartigkeit des Groß-vaters der Kinder machte mir schwer zu schaffen. Nichts, aber auch überhaupt nichts konnte ich ihm recht machen, und als er eines Tages, nachdem ich zwei Monate dort war, einen Wutanfall hatte und mich mit dem Bügeleisen verbrennen wollte, schmiss ich auch diese Stelle hin. Danach fand ich eine Arbeit als Servie-rerin im Zentrum von Haifa, in Haddar, in einem Café. Schnell hatte ich durch meinen Witz ein Stammpublikum und fühlte mich wohl.

Ungefähr zur gleichen Zeit erreichte mich mit 18 Jahren auch die Einberufung für die Musterung zum Militär. Israel gehört den wenigen Ländern der Welt, in denen Frauen mindestens zwei Jahre und Männer drei Jahre Präsenzdienst absolvieren müssen. Ich hatte großes Glück. Obwohl ich schon einiges an Gewicht verloren hatte, fiel meine Tauglichkeitsprüfung mit 103 Kilo Lebendgewicht negativ aus. Die Obergrenze lag bei 100 Kilo. Noch dazu gab es in meinem Geburtsjahrgang sehr viele Mädchen. Dabei wäre ich durchaus gern zum Militär gegangen, weil ich die Uniformen der Marine und der Militärpolizei so hübsch fand. An Waffen, Kämpfe oder gar ans Töten habe ich in meiner grenzenlosen Naivität überhaupt nicht gedacht. Aus heu-tiger Sicht war es ein Segen, dass mir der Militärdienst erspart geblieben ist.

Es war eine unbeschwerte Zeit. Dank meiner Sprachkenntnisse war ich in das tägliche Leben voll integriert, mochte die Arbeit und fand im Wohnheim neue Freundinnen. Fünf Frauen und Mädchen teilten sich jeweils ein Zimmer. Jede von uns hatte ein eigenes Nachtkästchen im Zimmer, einen Spind am Gang, ein eigenes, versperrbares Fach in der Küche und eines im Kühlschrank. Am Abend gingen wir gemeinsam ins Kino, zum Eisessen oder bummelten. Wir besuchten uns gegenseitig in den Zimmern, tauschten den neuesten Klatsch aus und redeten natürlich über Männer. Avancen bekam ich auf der Straße, bei der Arbeit oder beim Weggehen genug. Aber ich wollte nicht. Mit 18 Jahren war ich noch Jungfrau und es störte mich nicht. Ich schmuste gern und das reichte. Zu oft hatte ich in Wien bei meinen Freundinnen gesehen, was passiert, wenn man als junges Mädchen eine ledige Mutter wurde. Aufgeklärt wurde ich nicht, nur so viel war mir klar: Wer Sex hat, der wird schwanger, wer die Beine zusammenhält, nicht! Daran hielt ich mich.

Mit meinem sonnigen Gemüt brachte ich Leben in den eintönigen Alltag des Wohnheims, und als eines Tages ein Fest zum Jahresjubiläum ins Haus stand, wurde ich gebeten, mit einer Unterhaltungscombo ein Lied zu singen. Ich lernte fleißig und sang einen sehr bekannten Radio-Hit: „Erev Sehl Shoshanim – Abend der Rosen". Dieses Lied wurde später von namhaften Künstlern auf der ganzen Welt interpretiert. Ich bekam für meinen Auftritt großen Applaus und zahlreiche Komplimente. Wenn mir einer damals erklärt hätte, ich würde in 25 Jahren meinen Lebensunterhalt mit Singen bestreiten, dem hätte ich den Vogel gezeigt. Singen war mir eine Freude, daraus einen Beruf zu machen, kam mir nicht in den Sinn.

Dann trat Izahk Butbul, genannt Chaki (gesprochen Schaki) in mein Leben – und ich blickte hoffnungsvoll in eine positive Zukunft. Zumindest für eine kurze Zeit.

GROSSE LIEBE

März 1964. Haifa, Israel. Wieder einmal saßen wir auf unserer Lieblingsbank in einem Park und unterhielten uns. „Bald bin ich wieder weg und dann können wir uns lange nicht sehen", versuchte mich mein Freund Chaki einzulullen, küsste mich und legte seinen Arm um meine Schulter. Er wollte eindeutig mehr als nur ein wenig küssen! Wunderbar, damit werde ich ihn bei gutem Wind wieder los, dachte ich und befreite mich sanft aus seiner Umarmung. Ich hatte ihn gern, aber verliebt war ich nicht. Und mit ihm schlafen wollte ich schon gar nicht.

• • •

Der nette Gitarrist aus der Unterhaltungscombo schlug mir vor, nach dem schönen Erfolg beim Auftritt im Wohnheim weitere Lieder einzustudieren. Wir einigten uns auf eine Probe am Freitagabend im Wohnheim, und ich fuhr seit Wochen das erste Mal nicht über das Wochenende zu meiner Familie nach Balfouria. Plötzlich wurde ich ins Büro gerufen und der Musiker sagte telefonisch ab. Er habe einen Auftritt und könne an diesem Abend gutes Geld verdienen. Der letzte Bus zum Onkel war bereits weg, also ging ich ein wenig bummeln, kaufte mir ein Buch und setzte mich in mein Zimmer, strickte und las in meiner neuen Lektüre – „Die Geschichte der Josefine Mutzenbacher".

Irgendwie war ich gelangweilt und beschloss, eine Freundin in einem anderen Zimmer zu besuchen. Die saß auf ihrem Bett und unterhielt sich mit einem fremden Mann: unrasiert, mit öligen Haaren und überhaupt eine sehr ungepflegte Erscheinung. Die Freundin stellte uns vor und ließ uns allein. „Izahk, genannt Chaki. Martha, genannt Tova." Wir unterhielten uns eine Weile, bis er auf einmal meinte: „Gehen wir doch alleine aus und lassen das andere Mädchen hier?" Sein Ansinnen wies ich entrüstet zurück, schon aus Rücksicht auf meine Freundin: „Wenn wir ausgehen, dann alle gemeinsam und dann bitte gewaschen und rasiert." So sind wir verblieben und eine Stunde später kam er mit seinem Bruder und einer Freundesrunde im Schlepptau zurück: frisch beim Friseur rasiert, im Sonntagsanzug und adrett anzusehen. Wir verbrachten einen ausnahmslos angenehmen und lustigen Abend und ich erfuhr, dass Chaki gerade Landurlaub von seinem Job auf einem Hochseefrachter hatte. Um halb zwölf verabschiedete ich mich, weil das Wohnheim um Mitternacht sperrte, und ging nach Hause.

Gleich am nächsten Tag stand er um Punkt sieben wieder vor meiner Tür und klopfte. Ich fühlte mich überrumpelt und fragte in meiner sensiblen Art, was er denn wolle, sein Bruder gefalle mir viel besser. „Gut", sagte er, „ich werde es meinem Bruder ausrichten." Beim nächsten Mal gingen wir schon zu dritt aus. Wir verbrachten nette Stunden zusammen und einmal schmuste ich auch mit seinem Bruder. Als wir dann eine Woche später wieder im Kino waren und ich beobachtete, wie dieser mit einer anderen Frau anbandelte, war diese Liebelei für mich in der Sekunde vorbei. Mitten im Film stand ich auf und verließ das Kino. Daraufhin herrschte erst einmal Funkstille.

Auf dem Heimweg von der Arbeit lief ich Chaki einige Zeit später zufällig über den Weg. Das dachte ich zumindest. Er köderte mich mit einer Einladung zum Abendessen. Er wusste genau, dass ich Humus mit frisch gebackener Pita liebte, und war bei der Aussicht auf mein Lieblingsgericht leicht zu überreden. Nach dem Essen gingen wir ins Kino und es wurde ein toller Abend. Kurz vor halb zwölf wollte ich aufbrechen, um pünktlich im Wohnheim zu sein. Das war ihm gar nicht recht. Viel lieber wäre es Chaki gewesen, wir wären zusammengeblieben und er hätte mich weiter umgarnen können. „Danke für den netten

Abend", verabschiedete ich mich, „aber du bist wirklich nicht mein Typ."

In den nächsten drei Monaten forderte er mich heraus und stand jeden Abend vor meiner Zimmertür und klopfte. Richtig lästig war es manchmal. Ich ließ mir Ausreden einfallen: „Ich kann nicht ausgehen, ich habe keine Strümpfe." Am nächsten Tag schenkte er mir ein Paar Nylonstrümpfe. „Ich habe nichts mehr zum Lesen daheim." Am nächsten Tag brachte er ein neues Buch, sogar ein importiertes aus Deutschland. Noch nie wurde ich in meinem Leben derart hofiert und umworben. Irgendwann hatte er mich dann weich gekocht und wir verbrachten regelmäßig die Abende zusammen. Wir hatten sogar einen Stammplatz im Park, und nach außen hin machte es den Anschein, wir wären ein Paar. Hin und wieder passierte es auch, dass ich die ganze Nacht bei ihm im Freien sitzen blieb, weil ich die Zeit übersah und das Wohnheim versperrt war. Doch außer Küssen gab es von meiner Seite rein gar nichts – zu mehr war ich auch nicht bereit.

Es wurde Silvester 1964 und die Clique plante einen Disco-Besuch. Weil man für diesen Abend im Vorverkauf Karten erwerben musste, setzte mich mein Freund Chaki gar nicht gentlemanlike unter Druck: „Wenn zu Silvester nicht endlich etwas läuft, dann gehst du nicht mit." – „Und was ist, wenn nicht", konterte ich. „Dann gehe ich eben mit einer anderen", drohte er. „Du kannst Silvester feiern, mit wem du willst", gab ich schnippisch zurück: „Mit mir sicherlich nicht." Ich ließ ihn stehen und ging. Wieder herrschte Funkstille zwischen uns bis zum letzten Tag im Jahr.

Die Clique traf sich am Silvesterabend an einem Taxistand, um gemeinsam in die Disco zu fahren. Ich ging auch hin. Als Chaki mich sah, traute er seinen Augen nicht, und ich spürte, wie er nervös wurde. Wir fuhren in die Disco, ich hatte wirklich

Wieder in Israel: Mit einer meiner besten Freundinnen der damaligen Zeit

Als „Zuckersack" verkleidet im Fasching

Mein Verlobter Chaki (rechts) mit seinem Bruder

Als „Königin Esther" im Fasching: Erster Gesangsauftritt im Kibbuz

Jnser offizielles Hochzeitsfoto: Meine Hand hält Shlomit im Bauch

Hochzeitskuss: Mein Mann Chaki und ich im Kreis der Verwandten

v.l.n.r.: Chakis Vater, Cousine Talmar, Tante Rifka, ich und mein Mann, die zweite Frau meines Schwiegervaters und mein Onkel Emil

keine Eintrittskarte, und Chaki ging mit einer anderen Frau an mir vorbei ins Lokal. Glück, wie ich hatte, stand ich nur kurze Zeit allein im Eingangsbereich, da erschien ein anderer Mann ohne Begleitung, ich lächelte ihn an – und schon hatte ich eine Einladung für den Abend samt Eintrittskarte. In der Disco hatte ich viel Spaß. Ich tanzte und flirtete ungeniert mit anderen Männern. Aus den Augenwinkeln konnte ich beobachten, wie Chaki von Stunde zu Stunde nervöser wurde.

Die Nacht neigte sich dem Ende zu und schließlich blieben aus unserer Clique nur zwei übrig: er und ich. Was soll's, dachte ich. Zum Heimgehen war es noch zu früh, weil das Wohnheim erst wieder um sieben aufsperrte, also nahm ich seine Einladung an und wir gingen in ein Café und unterhielten uns angeregt bis zum Morgengrauen. Ich ging allein nach Hause. Am nächsten Tag trafen wir uns wieder, um uns zu verabschieden, und ich musste versprechen, treu zu bleiben und auf ihn zu warten. Chaki behauptete, er würde jetzt wieder zur See fahren und für lange Zeit nicht in Israel sein. Ich sagte einfach Ja und Amen, weil ich davon ausging, dass er mich bis zu seiner Rückkehr sowieso vergessen haben würde. Wir verabschiedeten uns und ich wünschte ihm noch viel Glück auf hoher See.

Am nächsten Tag begegnete ich einem Mann auf der Straße, der mich beim Namen ansprach und sich als Cousin meines „Freundes Chaki" vorstellte. Er lud mich zum Essen ein, wir plauderten und plötzlich grabschte er nach mir. Ich wies ihn mit einer Ohrfeige zurecht und warnte eindringlich vor seinem eifersüchtigen Cousin. „Der ist jetzt auf See, und wenn ich ihm das erzähle, bekommst du ein echtes Problem!"

Nicht einmal eine Stunde später steht, wie aus dem Nichts, Chaki vor meiner Zimmertür und erklärt, dass er mich nur habe testen wollen. Mehr brauchte ich nicht zu hören und wir hatten einen fürchterlichen Streit. Er entschuldigte sich und begann, seine Lebensgeschichte zu erzählen: „Ich war nicht auf See, ich war im Gefängnis. Um die Wahrheit zu sagen, ich bin eigentlich noch nie zur See gefahren."

Chaki kam als Dreijähriger mit seiner geschiedenen Mutter von Marokko nach Israel. Einige Zeit später immigrierte sein Vater ebenfalls, mit seiner zweiten Frau und den Halbbrüdern, nach Israel. Als kleiner Bub war er hin- und hergerissen zwischen der umsorgenden Mutter und dem strengen Vater. Kurz, es war eine schwere Kindheit mit viel Liebe, aber auch viel Prügel.

Mit 13 Jahren begann er auf der Baustelle des gerade entstehenden Großhafens von Haifa zu arbeiten. Er war absolut schwindelfrei und konnte problemlos auf den freischwebenden Balken balancieren. Das brachte ihm viel Anerkennung und gutes Geld ein. Im Hafenmilieu hatte er aber auch seinen ersten Kontakt mit Drogen, erkannte jedoch schnell, dass ihn das in Teufels Küche bringen würde. Er korrigierte sein Alter zwei Jahre nach oben und verpflichtete sich zum Militär, um ein „anständiger Mensch" zu werden. Aus jugendlicher Dummheit und von Kameraden provoziert beging er eine Straftat und klaute Ausrüstung und Waffen, floh aus der Kaserne, bis er eines Tages von der Militärpolizei – offiziell war er immer noch Soldat – verhaftet und von einem Militärgericht zu eineinhalb Jahren Gefängnis verurteilt wurde. Im Gefängnis lernte er zwei Berufe, Schweißer und Schneider, und ließ sich von einem Psychologen als unfähig für den Militärdienst erklären. „Ich hatte solche Angst, nach dem Gefängnis wieder zum Militär zu gehen", beendete Chaki seine Lebensbeichte.

Ich weiß nicht, ob es eine Fügung des Schicksals oder einfach nur Zufall war, dass er genau zwei Tage nach seiner Entlassung aus dem Gefängnis auf mich traf. Eigentlich wollte er zu meiner Zimmergenossin, die unter Männern als leicht zu haben galt. „Du bist meine große, wahre Liebe", schmierte er mir Honig ums Maul und raspelte weiterhin Süßholz. „Ich will meine Vergangenheit hinter mir lassen. Du bist die erste Frau, mit der ich mir eine gemeinsame Zukunft vorstellen kann." Ein wenig geschmeichelt fühlte ich mich schon, stellte aber eine klare Bedingung: „Such dir Arbeit." Er verstand das als ein „Ja", und so wurden wir ein Paar. Mit ihm schlafen wollte ich noch immer nicht.

Die Wochen vergingen, wir lernten uns besser kennen, ich entwickelte Vertrauen und spürte auch ein wenig aufkeimende Liebe. Wir genossen das Leben und oft war sein Bruder mit seiner Freundin gleichfalls bei unseren Ausflügen dabei. Ich fühlte mich wohl, und doch war ich unglaublich naiv: Er rauchte nach wie vor Marihuana und schaute auch oft ein wenig zu tief ins Glas.

An einem lauen Abend saßen wir nach einem Kinobesuch im Park und es begann zu regnen. Das Wohnheim hatte bereits geschlossen. Was tun? „Ich hätte da einen Freund, bei dem wir übernachten könnten", schlug Chaki vor. Er würde auch nichts von mir verlangen oder gegen meinen Willen anstellen. Schweren Herzens willigte ich ein. Das war Chakis erste große Lüge in unserer Beziehung. Wir kuschelten uns in dem kleinen Bett aneinander und ehe ich mich versah, war es um meine Jungfräulichkeit geschehen. Ich war traurig und fühlte mich belogen.

An einem der folgenden Wochenenden besuchte ich seit Langem wieder einmal Onkel und Tante in Balfouria. Wie ein Schwerverbrecher wurde ich zur Rede gestellt, wo und mit wem ich mich herumtreiben würde und ob ich denn überhaupt noch meine Unschuld hätte. „Jetzt nicht mehr", brüllte ich und stapfte wütend zur Bushaltestelle, um zu meinem Freund zu fahren. Er wohnte damals noch bei seiner Mutter in Haifa und war, wie hätte es auch anders sein können, nicht daheim. Ich saß traurig, einsam und verlassen den ganzen Tag in meinem Wohnheimzimmer und heulte.

Am nächsten Abend stand Chaki dann vor der Tür, ich ließ ihn ein und wir redeten: „Warum hast du dein Versprechen nicht gehalten?", fragte ich beleidigt. „Warum bist du gleich weggelaufen?", gab er zurück und versuchte sich zu entschuldigen: „Ich wollte das nicht, versteh mich bitte, ich bin auch nur ein Mann." Geschichten auftischen und Entschuldigungen erfinden konnte er meisterhaft. Ich verzieh ihm und wir verliebten uns so richtig – und aus dem Bett sind wir die nächsten Wochen nicht mehr rausgekommen.

Ich fragte mich später oft, warum dies alles passierte. Warum ich mich gerade in diesen Mann verlieben musste. Es hätte ja auch genug andere Männer gegeben, die sich um mich bemühten. Chaki war der erste Mann in meinem Leben, mit dem ich Sex hatte. Er brauchte meine Hilfe, bildete ich mir zumindest ein, und ich brauchte Zuneigung. Meine Familie meckerte nur, daher suchte ich mir Liebe und Geborgenheit eben woanders – und zumindest für eine kurze Zeit fand ich sie auch. Einen anderen Vertrauten in meinem Leben gab es nicht. Ich war glücklich, verliebt und der festen Überzeugung, dem Wunsch meiner Träume ganz nahe gekommen zu sein. Ich hatte einen lustigen Mann, Kinder würden nicht lange auf sich warten lassen und die Villa Kunterbunt würde sich bestimmt auch noch finden. Und bis es so weit war, bezogen wir ein kleines Zimmer in einem billigen Hotel und ich gab meinen Platz im Wohnheim auf.

Mittlerweile begann auch der Friseur-Kurs im Berufsbildungszentrum und ich stürzte mich voller Elan in die neue Herausforderung. Es war schrecklich! Ich kam mit dem Getue der Frauen überhaupt nicht zurecht und diese typisch weibliche Dummschwätzerei ging mir gewaltig auf die Nerven. Die Situation verschärfte sich noch, als mir nach einigen Wochen derart vor den abgeschnittenen Haaren grauste, dass ich oft gar nicht an mich halten konnte. Ständig musste ich auf die Toilette rennen und mich übergeben. Auf die Idee, dass mir wegen einer Schwangerschaft schlecht wurde, kam ich in meiner Naivität nicht. Das ist keine Arbeit für mich, entschied ich wieder einmal Hals über

Kopf und ohne Plan, wie es denn weitergehen sollte. Ich schmiss den Kurs hin.

„Wir sollten heiraten", machte Chaki mir unvermittelt eine Woche später einen Antrag. „Warum?", fragte ich naiv. „Weil du schwanger bist." Es stimmte, ich hatte meine Tage nicht bekommen, was aber für mich nichts Ungewöhnliches war. Ich hatte wahrscheinlich durch mein seelisches Glück, und bestimmt auch durch den guten Sex, viel Gewicht verloren und sowieso meistens einen unregelmäßigen Zyklus. Chaki wollte aber unbedingt heiraten und bald stellte ich fest, dass er Recht hatte: Ich war wirklich schwanger.

Inzwischen hatte Chaki mich seiner Familie vorgestellt. Seine Mutter, eine einfache und herzensgute Frau, schloss mich sofort ins Herz, behandelte mich wie eine Prinzessin und umsorgte mich wie meine eigene Mutter. Auch Onkel Emil und Tante Rifka stellte ich nun meinen neuen Freund ganz offiziell vor. Dieses Zusammentreffen hingegen war ein völliges Desaster. Chaki bemühte sich sehr, einen guten Eindruck zu hinterlassen, überwand sich sogar, den angebotenen Hering zu essen, obwohl er Fisch hasste, machte aber trotz aller Bemühungen eine unglückliche Figur. Behandelt wurde er wie ein Aussätziger. Meine Familie versuchte zwar gute Miene zum bösen Spiel zu machen, aber als ich dann mit ihnen allein war, fielen sie regelrecht über mich her und es hagelte Vorwürfe: „Wie konntest du nur, noch dazu ein Marokkaner!" Marokkaner wurden in dieser Zeit von vielen Israelis sehr abwertend behandelt. Man kann es sich gar nicht vorstellen, aber auch unter Juden gibt es bedauerlicherweise Ressentiments.

Schon vor dem Hochzeitstermin hatten wir ein Zimmer im Haus eines Onkels von Chaki bezogen und das Hotel verlassen: Es umfasste ein breites Bett, ein Gemeinschaftsbad und einen Spirituskocher auf einem klapprigen Holztisch – einfach, aber ich war zufrieden und zuversichtlich, dass alles gut werden würde. Schließlich hatte mir mein Mann zur Hochzeit versprochen, Arbeit zu suchen und für mich und das Baby zu sorgen.

Obwohl ich eigentlich nicht vor den Traualtar wollte, stimmte ich schließlich der Hochzeit zu. Es gab eine kleine Feier, die Familien kamen, und im Januar 1965 wurde aus Martha Bohdal eine verheiratete Martha Butbul. Der Name, den ich heute noch trage. Ich hatte ein schlichtes, weißes Kleid an, mit einem kleinen Schleier im Haar, und bereits an meinem Hochzeitstag in der Früh gab es den ersten Streit. Ich hatte keine große Lust, auf das Rabbinat zu gehen, und meckerte vor mich hin. „Geh endlich, mach weiter", herrschte mich mein künftiger Ehemann an.

Und so, wie mein Hochzeitstag begonnen hatte, endete er auch: Wir kamen nach Hause, mein Ehemann war angetrunken und bekifft. Plötzlich rastete er aus, riss mir den Schleier vom Kopf und schlug auf mich ein. Ich konnte es nicht glauben, heulte und vergrub mich unter der Bettdecke. Er beruhigte sich, erkannte, was er getan hatte, und winselte am Boden kniend um Entschuldigung. „Bitte verzeih mir, bitte entschuldige, es kommt nie wieder vor!"

In meiner Hochzeitsnacht glaubte ich ihm noch, dass dieser Auszucker ein einmaliges Versehen war. War es aber nicht. Denn immer wenn er trank und Marihuana rauchte, wurde er aggressiv und schlug mich. „Warum bist du nicht gleich wieder davon?", fragten mich Freundinnen später. Ich wurde als Kind dazu erzogen, dem Mann, für den man sich entschieden hatte, die Treue zu halten und sich auch durch schlechte Zeiten zu kämpfen. Meine Eltern hatten auch manchmal Streit und attackierten sich mitunter. Als Kind habe ich ihnen dann kalte Umschläge gebracht und mir die Jammerei angehört. Die Situation als solche war mir nicht fremd. Mit einem großen Unterschied: Ich wollte mir nicht eingestehen, dass ich einen Mann geheiratet hatte, der zur Gewalt neigte.

SHLOMIT

13. Mai 1965. Haifa, Israel. Zu meinem 19. Geburtstag hatte ich unser kleines, einfaches Zimmer aufgeräumt, Kuchen gebacken und mich hübsch gemacht. Mein Ehemann kam nach Hause: betrunken und in schlechter Stimmung. Statt mir zu gratulieren, schlug er auf mich ein. Ich floh und saß die ganze Nacht weinend auf einer Parkbank in der Nähe unserer Wohnung. Ich wusste doch nicht wohin. In dieser Nacht hatte ich die erste Begegnung mit meiner Tochter. Zum ersten Mal spürte ich, dass neues Leben in meinem Körper heranwuchs, und mir wurde klar:
Hier gehören zwei Seelen zusammen.

• • •

Sooft mein Ehemann mir auch versprach, sich eine fixe Anstellung zu suchen, er tat es nicht. Mal arbeitete er einige Tage, dann wieder nicht, wir hatten nie Geld und oft nichts zu essen. Ich war ständig auf die mildtätige Hilfe anderer angewiesen. Während meiner Schwangerschaft hatte ich nur ein einziges Schwangerschaftskleid. Mein Glück war, dass das blaue Stoffkleid mit weißen Tupfen in der Hitze Israels nach dem Waschen schnell trocknete und ich es gleich wieder anziehen konnte. Irgendwann blieb mir nichts anderes mehr übrig, als Arbeit zu suchen. Auf meinen Mann war kein Verlass. Eine Anstellung fand ich schließlich bei einem Souvenir-Händler in der Hafengegend von Haifa.

An diesen älteren Juden erinnere ich mich sehr gern und sehr lebhaft. Er war ein Rumäne, der die Schrecken und Gräuel des Konzentrationslagers überlebt hatte. Erst mit ihm begann ich zu verstehen, welch schwere Bürde das Schicksal diesen Menschen mit auf den Weg gegeben hatte. Er war großherzig und immer gut gelaunt. In der Früh schon begrüßte er mich mit einem

Lächeln und erzählte: „Ich habe heute gut in meinem eigenen Bett geschlafen, hatte ein köstliches Frühstück aus frischen Früchten und ich habe noch Geld fürs Mittagessen. Mir geht es doch gut, oder?" Er gab mir das Gefühl, dass auch ich mein Leben meistern konnte. Was waren denn meine kleinen Probleme im Vergleich zum Schicksal der Überlebenden des Holocaust! Ich mochte meine Arbeit und war erfolgreich. Der Verkauf der Souvenir-Artikel ging mir dank meiner Dreisprachigkeit leicht von der Hand. Nur hatte ich die körperlichen Auswirkungen der Schwangerschaft unterschätzt. Als ich einmal direkt vor einem Kunden erbrechen musste, blieb mir schließlich nichts anderes übrig, als zu Hause zu bleiben. Ich musste mich dauernd übergeben und mir war ständig schlecht. Meinem Ehemann kam das nur gelegen. Er wollte sowieso nicht, dass ich arbeiten ging. Nur von welchem Geld wir leben sollten, wusste er auch nicht.

Als Einwanderin konnte ich einen sehr günstigen Existenzgründungskredit vom Staat beantragen. Mein Onkel erklärte sich sogar bereit, als Bürge zu unterschreiben. Ich erhielt den Kredit, und von diesem Geld kauften wir eine kleine Souterrain-Wohnung in Haifas Stadtteil Hadar: ein einfaches Zuhause mit großem Bett, einer Küche und einem Bad am Gang. Wir richteten uns ein, und ein Kinderbett fand sich aus der Verwandtschaft ebenfalls. Der Geburtstermin rückte näher, ich wurde dicker und dicker. Doch statt mich in Ruhe auf die Geburt vorzubereiten, bekam ich einen Putzrausch und wirbelte durch die Wohnung. Sogar auf einen Stuhl stieg ich, um die Lampe zu reinigen. Als ich dann fertig war, geduscht hatte und am Herd stand, um mir einen Kaffee zu kochen, spürte ich Wasser an meinen Beinen entlangrinnen.

Unbedarft wie ich war, ging ich zur Nachbarin und erzählte, was geschehen war. Die Frau rief sofort die Rettung. Chaki war nicht zu Hause und ich hatte keine Ahnung, wo ich ihn hätte auftreiben sollen. Also fuhr ich mit dem Krankenwagen ins Spital. Es waren noch etwa drei Wochen bis zum errechneten Geburtstermin und ich hatte schreckliche Angst vor einer Frühgeburt. Im Spital beruhigte man mich, es sei „falscher Alarm", verordnete mir aber strikte Bettruhe und behielt mich dort. Damals gab es kein Ultraschall und ein Kaiserschnitt war eine gefährliche Operation – vor allem wenn man mein Gewicht von 118 Kilogramm berücksichtigte.

Ich lag also im Bett und nahm die zahlreichen Mitleidsbekundungen der versammelten Verwandtschaft entgegen, gerade so, als ob mein letztes Stündlein geschlagen hätte. Ich hatte keine Ahnung, wie ernst die Situation war. Die Verwandtschaft schon. Es war entsetzlich heiß, Klimaanlagen gab es nur vereinzelt und ich hasste es, verschwitzt im Bett zu liegen und nicht aufstehen zu dürfen. Duschen hatte man mir nämlich auch verboten. Ich wurde immer unausgeglichener, und mit einer Bettschüssel konnte ich schon gar nicht auf die Toilette gehen – entsprechende Winde waren die Folge. Als mein Gynäkologe bei der Visite die Bettdecke zur Seite schlug, um mit einem Stethoskop die Herztöne meines Babys zu kontrollieren, kam dem armen Arzt ein recht eindeutiger Geruch entgegen. „Darf ich bitte duschen?", rettete ich mich aus der Situation. „Ja, aber bitte gleich", bekam ich postwendend die Erlaubnis. Und schon sprang ich aus dem Bett in Richtung Badezimmer.

Zwar durfte ich dann wieder aufstehen, bekam aber grauenvolle Rückenschmerzen. Jedes Mal, wenn ich den Arzt anjammerte, erhielt ich die gleiche Antwort: „Das ist gut, wenn du Schmerzen hast", erklärte der Gynäkologe. „Dann ist dein Baby gesund!" Ich kam mir ganz schön veräppelt vor.

Die Tage vergingen und die ersten Wehen setzten ein. Die Hebamme kam, untersuchte mich und meinte: „Ich gehe jetzt noch Kaffee trinken, eine Zigarette rauchen und dann holen wir das Kind." Wenn sie meint, dachte ich. Wie Recht sie behalten sollte. Eine Viertelstunde später kehrte sie zurück, die Wehen kamen inzwischen heftiger, und in nur zehn Minuten, genau von 14.55 bis 15.05, erblickte am 1. November 1965 meine Shlomit das Licht der Welt: putzmunter, gesund und mit einem Lächeln auf ihrem kleinen, pausbäckigen Gesicht. An die genaue Uhrzeit erinnere ich mich deswegen so gut, weil gegenüber meinem Bett im Kreißsaal eine Uhr an der Wand hing.

Meiner Mutter zu Ehren wollte ich meine Tochter Frida nennen. Ich überlegte also: Frida bedeutet Frieden, auf Hebräisch Shalom, als weiblicher Name Shulamit. Nur gefiel mir dieser Name überhaupt nicht. Eine Freundin half mir dann aus der Klemme: Shlomit ist die moderne Form von Shulamit. Ehrlich gesagt hatte ich nie auch nur einen Gedanken an einen Bubennamen verschwendet. Ich wusste einfach, ich bekomme ein Mädchen.

Zugegebenermaßen hatte ich nicht viel Ahnung, wie ich mit einem Neugeborenen umgehen sollte, und war dankbar, dass wir Erstgebärenden auch gleich entsprechende Unterweisungen bekamen: Wie man richtig wickelt, badet, die Brust gibt und so weiter. Wir Wöchnerinnen saßen in einem Zimmer neben dem Schlafsaal und eine Frau fragte, wie man denn wissen könne, ob das eigene Kind schreit oder ein anderes. Just in diesem Moment hörten wir ein Baby losbrüllen. Völlig automatisch stand ich auf und ging ins Nebenzimmer. Das war die zweite Begegnung mit meiner Tochter und die Antwort auf die Frage erübrigte sich von selbst. Da lag meine Shlomit brüllend in ihrem Bettchen und war von oben bis unten vollgekackt. Ich begann sie sauber zu machen, und sie lächelte mich an, als wollte sie mir Mut zusprechen: „Mami, das schaffst du schon!"

Mehr Glück hätte ich nicht mehr verkraften können. Vergessen all die Streitereien, die Geldprobleme und die Prügel. Meine Tochter war gesund, und ich war mit der Welt im Reinen. Meine

Muttermilch war so dick wie Sahne, und Shlomit konnte nicht genug davon bekommen. Sie wollte gar nicht mehr weg von meiner Brust. „Du könntest noch ein Kind mit deiner Milch versorgen", entließ mich die Hebamme aus dem Krankenhaus, als mein Mann mich abholte. Er hatte sogar Geschenke für mich und für seine Tochter dabei und wir fuhren als glückliche Familie vereint nach Hause.

Ich begann mich an meine neue Rolle als Mutter zu gewöhnen und blickte positiv in die Zukunft. Schon bald jedoch ging es mit den Problemen wieder los. Mein Schwiegervater kam zu Besuch: Nach nur wenigen Minuten wurde aus dem Gespräch zwischen Vater und Sohn eine Diskussion, schließlich ein heftiger Streit. Sie sprachen Arabisch und ich verstand kein Wort. Ich spürte nur die bedrohliche Gewalt, die zwischen den Männern in der Luft lag. Ich war völlig verschreckt und regte mich innerlich entsetzlich auf. Als ich am Abend meine Tochter stillte, brüllte auch sie wie am Spieß, obwohl ich ihr doch gerade die Brust gegeben hatte. Verzweifelt ging ich zu meiner Nachbarin und suchte Rat. „Schau mal deine Milch an", forderte sie mich auf. Statt der dicken, sahnigen Milch kam nur mehr eine dünne, wässrige Lösung aus meiner Brust. Meine Tochter schrie nur, weil sie hungrig war. Ich hatte meine Milch verloren, weil mich der Streit der beiden Männer so fürchterlich mitgenommen hatte.

Die Wochen vergingen und Chaki machte weiterhin keine Anstalten, regelmäßig arbeiten zu gehen. Daher suchte ich wieder einen Job als Servierkraft, um wenigstens ein wenig Geld in der Haushaltskasse zu haben. Meine Milch war sowieso bereits versiegt. Am ersten Arbeitstag erklärte ich meinem Mann detailliert, was zu tun sei, gab unser Kind in seine Obhut und verließ das Haus. Als ich später am Abend zurückkam, stand die vorbereitete Milchflasche unberührt am selben Platz, das Kind lag in der eigenen Kacke und mein Mann spielte seelenruhig mit seinen Freunden Karten. An diesem Abend flippte ich in unserer Ehe zum ersten Mal richtig aus. Es sollte nicht das letzte Mal gewesen sein.

Einige Wochen später: Gerade hatte ich die Kleine ins Bett gelegt und wollte mich ein wenig entspannen, als Chaki betrunken nach Hause kam. Er wollte Sex, ich aber nicht. Er nestelte an mir herum, ich stieß ihn weg. Er holte aus und schlug zu. An diesem Abend hatte ich genug. Mit beiden Fäusten hämmerte ich auf ihn ein und trat nach ihm, bis er fluchend die Wohnung verließ. Stunden später kam er ernüchtert zurück, bettelte um Verzeihung und schwor auf die Mesusa, es nie wieder so weit kommen zu lassen. Wieder einmal vergab ich ihm. Nur fehlte mir inzwischen der Glaube daran.

Als Shlomit ungefähr fünf Monate alt war, wollte ich nicht mehr im Keller wohnen und auch ein eigenes Zimmer für das Kind haben. Wir einigten uns darauf, die Wohnung zu verkaufen und eine größere zu suchen. Das war der größte Fehler, den ich in meiner vertrauensseligen Naivität nur machen konnte. Ich zog mit unseren Siebensachen – viel war es ja nicht – zu Onkel und Tante und überließ meinem Mann das Geschäftliche. Die Tage vergingen. Eine Woche verging und Chaki war wie vom Erdboden verschwunden. Endlich konnte ich ihn im Haus seiner Eltern aufstöbern – und er rückte mit der Wahrheit heraus. Ich bekam einen Schock und war wie in Trance. Die Wohnung hatte er zwar verkauft, aber das ganze Geld in nur einer Nacht am Spieltisch verloren.

Mein Ehemann Chaki hat immer gespielt. Das fand ich erst viel später heraus. Wenn er gewonnen hatte, war er großzügig und kaufte Geschenke für seine Familie. Verlor er, dann stahl er Geld aus meiner Tasche oder verscherbelte die wenigen Schmuckstücke, die ich von meiner Mutter mit nach Israel gebracht hatte, und sogar die edlen Dessous von Palmers, die ich noch aus meiner Wiener Zeit hatte, verramschte er im Bazar. Er machte alles zu Geld.

Nach dieser Geschichte konnte und wollte ich mit diesem Mann nicht weiter zusammenleben. Ich ging zum Onkel, beichtete alles und bat, bleiben zu dürfen. Bei allen Meinungsverschiedenheiten, die es zwischen mir und meiner israelischen Familie immer wieder gab, bin ich Onkel und Tante heute noch zutiefst dankbar, dass sie mich in dieser Situation nicht im Regen stehen ließen, sondern mir ein Zuhause gaben, Streit hin oder her. Bei Juden ist das Blut doch immer dicker als jede Auseinandersetzung. „Du musst dir aber Arbeit suchen und den Kredit zurückzahlen", befahl der Onkel. Er wollte nicht zusätzlich noch die Raten aus eigener Tasche begleichen müssen.

Eine neue Arbeitsstelle war schnell gefunden. Ich führte die kleine Betriebskantine in einer Fabrik, in der Obst und Gemüse verpackt wurden. Dort musste ich auch die Toiletten putzen. Das war eine echte Herausforderung, vor allem die Herren-Toilette. Der kleine Verdienst als Arbeiterin reichte gerade für die Kreditrate, für mich blieb kaum etwas übrig.

Gerade als der Haussegen bei Onkel und Tante einigermaßen wieder hergestellt war, blieb meine Menstruation aus. „Was", schimpfte der Onkel. „Du wirst dir doch von diesem Mann nicht noch ein Kind zulegen wollen?" Diese Aussage war wie ein Schlag ins Gesicht. Ich hatte ein zuckersüßes, gesundes Mädchen und war eine glückliche Mutter. Natürlich hätte ich gern noch so etwas niedliches Kleines gehabt! Der Onkel schleppte mich zum Frauenarzt. „Nicht schwanger", stellte dieser fest – und mir fiel dann doch ein Stein vom Herzen. Die Stimmung in Balfouria war danach wieder getrübt und ich wurde einer regelrechten Gehirnwäsche unterzogen. Onkel und Tante taten alles, um mir Chaki auszureden.

Dieser versuchte schon bald wieder mit mir in Kontakt zu treten, besuchte mich in der Arbeit oder begleitete mich manchmal auch ein Stück am Heimweg. Einmal wurden wir vom Onkel gesehen und es gab ein fürchterliches Donnerwetter: „Im Feld tust mit dem Hallodri schnakseln", stellte er mich zur Rede. Das tat ich jedoch nicht. Natürlich hat er mich angebettelt, zurückzukommen, und hat wieder einmal versprochen, Arbeit zu suchen. Ich aber wollte nicht zurück zu ihm. Die Wut über das verspielte Geld saß mir noch tief in den Knochen. Daheim wurde ich weiter mit ständigen Vorhaltungen unter Druck gesetzt: „Glaubst, es ist eine Ehr, von einem Marokkaner ein Kind zu haben?", herrschte mich Tante Rifka an. Damit wurde mir meine Position mehr als deutlich gemacht und ich kapierte: Hier kann ich nicht bleiben. Es gingen mir auch die ewigen Vorschriften auf die Nerven, wie ich mit meinem Kind umzugehen hätte. Ich hatte das Gefühl, die Tante wolle mir das Kind bald ganz entziehen.

Nur hatte ich keine Ahnung, was ich tun sollte. Nächtelang weinte ich, weil ich keinen Ausweg sah. Irgendwann gab ich dem Drängen meines Ehemannes nach, auch weil er eine Wohnung für uns organisierte, und kehrte zu ihm zurück. Lieber gehe ich zu ihm, als weiter diese Gehirnwäsche zu ertragen, fasste ich einen Entschluss und nahm mir vor: Wenn etwas nicht passt, dann hau ich ihm eins auf die Nase. Chaki organisierte eine Mietwohnung in Kiriat Haim, einem Vorort von Haifa direkt am Meer. Ich packte meine Koffer und nahm meine Tochter auf den Arm – nicht ahnend, auf welche Odyssee ich mich für die nächsten Jahre begeben würde.

In der neuen Wohnung gab es zwei Zimmer, eine Küche und sogar ein Bad mit warmem Wasser. Ich war schon eine Meisterin darin, eine Wohnung gemütlich machen, und hatte in nur wenigen Tagen ein neues Zuhause für uns geschaffen. Ich war froh, keine Vorwürfe mehr zu hören und für mein Kind allein sorgen zu können. Zu meiner Verwunderung begann Chaki zu arbeiten, meine Schwiegermutter half mir und die neue Nachbarin mit ihren zwei kleinen Söhnen wurde zu einer lieben Freundin.

Es schien, als ob ich endlich glücklich werden könnte. Ich hatte ein altes, verbeultes Puch-Fahrrad, mit dem wir Badeausflüge ans Meer unternahmen. Vorne auf dem Lenker saß Shlomit, links und rechts hatte ich Taschen hängen und hinten auf dem Gepäckträger saßen die zwei Buben meiner Nachbarin. Aus zwei Holzstangen und einer alten Decke bastelte ich ein Sonnensegel und wir verbrachten ausgelassene Nachmittage am Meer. Auch wenn wir mehr oder weniger von der Hand in den Mund lebten, war ich doch glücklich und zufrieden. Und: Zum ersten Mal in meinem Leben war ich schlank. Zugegebenermaßen hatte ich keine Modelmaße, aber für meine Verhältnisse eine echte Traumfigur. Nach der Geburt meiner Tochter verordneten mir die Ärzte eine Radikaldiät mit nur 450 Kalorien am Tag. Ich verlor fast 50 Kilo! Ich fühlte mich schön und begehrenswert und war eine wunderschöne Frau geworden.

Dann fingen die Streitereien wieder an: Chaki kündigte und wir hatten weder Geld für Lebensmittel noch für die längst überfälligen Kreditraten. Wenn der Milchmann in der Früh kam, war ich mit meiner Tochter ganz leise, ignorierte das Klopfen und tat so, als ob ich nicht daheim wäre. Ich betete darum, dass er die Milch trotzdem hinstellen würde. Meistens tat es der nette Lieferant auch. Er kannte ja meine Situation.

Schließlich hatte meine Nachbarin die rettende Idee: „Du willst doch Geld verdienen", fragte sie: „Warum gehst du nicht putzen?" Ich hatte keine Alternative. Bei meinen ersten Arbeitsstellen konnte ich die Kleine mitnehmen, später kümmerte sich dann meine Schwiegermutter um Shlomit, wenn ich arbeiten war. Obwohl ich das Putzen ein Leben lang gehasst hatte, fing ich als Reinigungskraft an und erkannte, dass sich damit gutes Geld verdienen lässt. Offensichtlich muss ich eine Art von Statussymbol gewesen sein, eine Wienerin, die in israelischen Haushalten putzen geht. Ich wurde laufend weiterempfohlen. Oft reinigte ich bis zu drei Häuser an einem Tag. Innerhalb kürzester Zeit wurde ich zum regelrechten Putzprofi, kam jedoch freilich in der Nacht völlig erledigt nach Hause. Es war eine harte Zeit für mich, aber nur so konnte ich mir und meiner Tochter das Überleben sichern. Mein Mann ging in der Früh aus dem Haus, aber ich hatte keine Ahnung wohin.

In diese Zeit fiel auch der Sechstagekrieg (5. bis 10. Juni 1967). Ich hörte beim Arbeiten davon im Radio, verließ in der Sekunde meine Putzstelle, fuhr zu meiner Schwiegermutter und dann mit Shlomit nach Hause. Gemeinsam mit der Nachbarin füllten wir Sandsäcke an und verklebten die Fenster unserer Wohnungen. Gerade als wir fertig waren, heulten die Sirenen auf. Alarm! Wir rasten mit unseren Kleinkindern in den Keller und warteten. Ich hatte solche Angst, dass meine Nerven verrückt spielten. Ich zitterte am ganzen Leib wie Espenlaub. Tagelang ging ich vollständig angezogen und mit einem riesigen Brotmesser „bewaffnet" ins Bett. Genutzt hätte es aber sowieso nicht viel, wenn jemand in die Wohnung eingedrungen wäre. Ich war so erledigt von der harten Arbeit, dass ich im Schlaf nichts bemerkt hätte. Mein Mann hatte sich wieder einmal erfolgreich verdrückt.

Einige Monate zogen ins Land und unsere häusliche wie auch unsere wirtschaftliche Situation verschlechterten sich zusehends. Chaki schlug vor, in einen Kibbuz zu gehen, und ich stimmte zu. Ich wollte meinem Leben endlich eine Perspektive geben und hoffte, meinem Mann würde das Leben in einer kollektiven Gemeinschaft zu einer gewissen Regelmäßigkeit verhelfen. Wir bewarben uns in einem neu gegründeten Kibbuz in der Nähe von Tiberias und wurden für ein halbes Jahr auf Probe aufgenommen: Shlomit bekam einen Platz im Kinderhaus, für uns gab es eine kleine, eingerichtete Wohnung in der neu entstandenen Holzhaus-Siedlung, und natürlich wurden wir zum Arbeiten

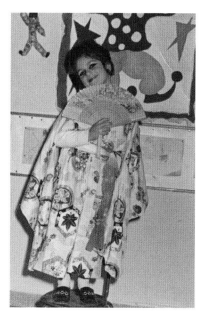

Mit Shlomit aus dem Spital nach Hause

Shlomit als „Madama Butterfly"

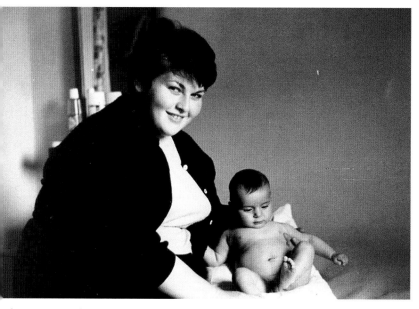

Stolze Mama und glückliche Shlomit in unserer einfachen Wohnung

Seltener Glücksmoment: Die junge Familie in trauter Eintracht

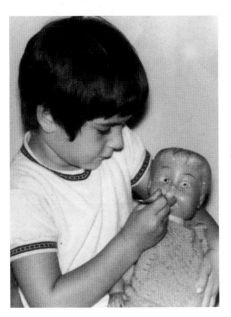

Shlomit in der Vorschule

Shlomit mit einer Hanukka-Kerze und einem selbst gestrickten Rock

Meine Tochter trat in meine Fußstapfen und wurde ebenfalls Sängerin und Schauspielerin

Familienglück: Meine Tochter und ich im Jahr 1998 bei einem offiziellen Foto-Shooting

eingeteilt. Doch statt zu arbeiten, hatte mein Ehemann weitaus mehr Gefallen daran, mit anderen Frauen anzubandeln. Die Folge: Ich war dauernd nervös und die anderen Frauen im Kibbuz begannen mich zu bedauern.

Im Kibbuz besuchte mich mein Vater mit seiner zweiten Ehefrau das erste Mal in Israel, und Chaki und ich teilten uns nach längerer Zeit wieder ein Bett. Prompt wurde ich schwanger. Auch das noch, dachte ich und ging zum Arzt. Der Wunsch nach einem weiteren Kind war mir inzwischen gründlich vergangen. Weil der Sanitäter meine private Situation kannte, ermöglichte er mir die Abtreibung und gab mir später die Pille zur Verhütung.

Die Probezeit ging zu Ende und die Entscheidung über unseren Verbleib wurde verkündet: Es war eigentlich keine große Überraschung. Wir wurden nicht in den Kibbuz aufgenommen.

SELBST IST DIE FRAU

Herbst 1968. Verzweifelt und fast am Ende meiner Kräfte schrieb ich meinem Vater und bat um Hilfe für mich und seine Enkeltochter. Ich wollte nach Wien kommen und einen Beruf erlernen, um für meine Tochter sorgen zu können. Seine Antwort ließ nicht lange auf sich warten. Zehn US-Dollar und eine Ansichtskarte mit schönen Grüßen aus Wien lagen in dem Luftpostumschlag. An diesem Tag wurde mir klar, jetzt bin ich auf mich allein gestellt. Ich war erwachsen geworden.

• • •

Wieder eine neue Wohnung, wieder neu einrichten und der nächste Versuch, gemeinsam ein Leben auf die Reihe zu bekommen. Langsam schlich sich die Gewissheit ein, dass Chaki nicht dazu geboren war, einer geregelten Arbeit nachzugehen. Zumindest nicht nach den üblichen Maßstäben. Er wollte sich endlich seinen langjährigen Wunsch erfüllen und zur See fahren. An seine Familie dachte er dabei nicht. Einmal will ich es noch probieren, nahm ich mir vor, und suchte wieder Stellen als Putzfrau. Über eine Empfehlung bekam ich sogar eine fixe Anstellung in einer Schule und hatte damit zumindest eine Krankenversicherung für mich und mein Kind. Mit der Arbeit in der Schule war ich anfangs völlig überfordert. Ich hatte wirklich keine Ahnung, wie man ein großes öffentliches Gebäude in kurzer Zeit reinigt. Bis jetzt war ich nur in Privathaushalten tätig gewesen. Eine Kollegin bemerkte meine Hilflosigkeit und die heimlichen Tränen, nahm mich an der Hand und half mir, es richtig zu machen.

Die ständigen Diskussionen und Streitereien belasteten mich sehr. Das Land konnte ich nicht verlassen, weil der Existenzgründungskredit nicht bezahlt war. Mit meiner Familie hatte ich mich überworfen, und vom Vater in Wien war ebenfalls keine Hilfe zu erwarten, wie ich schmerzhaft erfahren musste. Ich steckte in der Sackgasse.

Es geschah an einem dieser Tage, an denen ich nicht mehr weiter wusste. Ich gab Shlomit zur Nachbarin und fuhr per Autostopp nach Tel Aviv, um mein Glück bei der österreichischen Botschaft zu versuchen. Ein freundlicher Herr mittleren Alters, klein und dick, nahm mich in seinem Auto mit. Er war Offizier beim Militär und sehr sympathisch. Glücklich, endlich einen Menschen zum Zuhören gefunden zu haben, redete ich mir die ganze Autofahrt von Haifa nach Tel Aviv meine Sorgen von der Seele. Der Herr chauffierte mich sogar direkt zur österreichischen Botschaft. Doch statt die erhoffte Hilfe zu bekommen, wurde in der Botschaft nur bemängelt, dass meine Eheschließung noch nicht im Staatsbürgerschaftsnachweis eingetragen sei. Wutentbrannt verließ ich das Gebäude.

Meine Mitfahrgelegenheit holte mich sogar wieder von der Botschaft ab und fuhr mich zurück nach Haifa. Daheim angekommen, suchte ich etwas in meiner Handtasche und fand 50 israelische Pfund – offensichtlich ein Geschenk des hilfsbereiten Autofahrers. Später traf ich ihn wieder, und er wurde der zweite Mann meines Lebens, mit dem ich ein Bett teilte. Ein anständiger Mensch, der immer ein Geschenk für Shlomit und meistens eine Tasche voller Lebensmittel bei seinen Besuchen dabei hatte. Nach zwei Jahren trennten sich unsere Wege. Er war zwar verheiratet, aber er tat mir gut.

Zurück in Haifa, beschloss ich, mein Leben ab sofort selbst in die Hand zu nehmen: Ich wusste, dass mein Ehemann unbedingt zur See fahren wollte, dies aber wegen der psychologischen Untauglichkeit für das Militär unmöglich war. Mit Shlomit an der Hand lief ich von Pontius zu Pilatus, um eine Lösung für das Problem zu suchen. Nach einer wochenlangen Odyssee durch die verschiedensten Ämter hatte ich einen Weg gefunden: Chaki musste an einem achtmonatigen zivilen Kurs in einer Katastrophenschutz-Organisation teilnehmen. Dann erklärte ihn der gleiche Psychologe, der ihn vor Jahren untauglich geschrieben hatte, wieder für „normal". Diesen Kurs bestand mein Ehemann mit 98 von 100 Punkten!

Er fand dann sofort eine Anstellung als Maschinist auf einem Frachter und fuhr zur See. Ich war ihn los – zumindest einmal für ein halbes Jahr. Als er weg war, setzte meine Menstruation wieder aus. Ich war trotz Pille schwanger. „Bitte machen Sie es weg", sagte ich zu dem Frauenarzt. „Ich hab's nicht gemacht, also mach ich es auch nicht weg", lautete knapp und bündig seine Antwort. Er vermittelte mich jedoch zu einem Spezialisten, der die Abtreibung durchführen würde. Nur, woher das Geld dafür nehmen? Ich rief meinen Liebhaber, den Mann vom Autostopp, an, und bat um Hilfe. Für mich wäre es ein ganzer Monatslohn gewesen, den ich nicht übrig hatte. Er gab mir das Geld mit der Begründung: „Du hast nicht versucht, mir ein Kind unterzuschieben, und für deine Ehrlichkeit helfe ich dir." Bei ihm hatte ich auf die Benutzung eines Kondoms bestanden.

Mein Mann war auf See, ich blieb mit Shlomit in unserer gemeinsamen Wohnung und schlug mich weiter als Putzfrau mehr schlecht als recht durch. Das halbe Jahr verging und mein Mann kam nach Israel zurück. Er stürmte in die Wohnung, beladen mit Geschenken, und versuchte mich zu küssen: „Wo ist dein Verdienst, das Geld", wollte ich sofort wissen. Er hatte nichts. Keinen einzigen Cent. Wutentbrannt warf ich ihm die Geschenke an den Kopf. Schon wieder hatte ich für meine dusselige Vertrauensseligkeit die Quittung bekommen. Frühmorgens, gleich am nächsten Tag, fuhr ich zur Reederei, um dort vermerken zu lassen, dass das Gehalt meines Mannes nur noch auf unser Kreditkonto überwiesen werden sollte. Die Überstundenentlohnung und die

Sonderzahlungen könne er behalten. Chaki versuchte nicht einmal, mich davon abzuhalten. Auf diese Weise konnten wir endlich den Kredit abstottern. Ich gab dann schließlich auch die Wohnung auf, um Geld zu sparen, und zog bei meiner Schwiegermutter ein.

Meine Tochter brachte ich bei einer Pflegefamilie unter, die ich über einen glücklichen Zufall fand: In Shlomits Kindergarten gab es eine Erzieherin, die meine Tochter besonders lieb gewonnen hatte, eine Polin, die mit ihrem Ehemann das KZ überlebt hatte und selbst zwei Kinder hatte. Nur das dritte Wunschkind wollte sich nicht mehr einstellen. Mit Shlomit kam wieder ein Kleinkind ins Haus und alle waren glücklich. Nur die Folgen hatte ich nicht bedacht: Das Ehepaar verwöhnte meine Tochter derartig, dass sie später, als sie wieder bei mir wohnte, monatelang Fertignudeln verweigerte. „Mami, die mag ich nicht. Bitte mach selbst die Nudeln." Übrigens hat meine Tochter mit ihren Pflegeeltern heute noch herzlichen Kontakt.

Ich arbeitete weiter als Putzfrau, wollte aber nicht mehr so recht damit weitermachen. Du bist doch kein dummes Mäderl, motivierte ich mich und ging wieder einmal zur Berufsberatung. In Israel gab es damals bereits im Vergleich zu Kontinentaleuropa ein gut funktionierendes Kinderbetreuungsprogramm, um auch Müttern Ausbildung und Arbeit zu ermöglichen. Ich absolvierte eine Art von Psychotest, um meine Stärken und Schwächen herauszufinden. „Krankenschwester" lautete der Berufsvorschlag im Testergebnis. Na wenn's denn so sein soll, sagte ich mir und wollte unterschreiben. Doch leider gab es ein Problem: Das Kinderbetreuungshaus des Krankenhauses wurde erst gebaut. Ich hätte ein weiteres Jahr warten müssen. Bitte nicht noch ein ganzes Jahr putzen, kroch die Angst in meinem Nacken hoch, und ich fragte nach weiteren Ausbildungsmöglichkeiten. Eine freie Stelle zur Ausbildung als Köchin wurde mir noch angeboten. Ohne groß zu überlegen griff ich zu.

Ich lernte also Köchin. Aber nicht irgendeine Köchin, sondern ich wurde zur Spezialköchin für Frachtschiffe ausgebildet. Worin der Unterschied zwischen einer Passagierschiff- und einer Frachtschiff-Kombüse liegt, ist mir bis heute rätselhaft. Dieser Kurs dauerte ein Jahr: Wir waren 15 Burschen und nur drei Mädchen. Obwohl ich für meine Verhältnisse eine gute Figur hatte, waren die Beine immer noch echte Problemzonen: Überschüssige Haut hing über die Knie und ich war sehr unglücklich darüber. Das beruhigte sich erst, als die Burschen anfingen, auch mir Komplimente zu machen. Offensichtlich hatten sie im Laufe der Wochen gelernt, meine Beine zu übersehen.

Einer unserer Ausbildner bläute uns ein, das Wichtigste auf einem Frachtschiff sei das Brot. Also mussten wir Brot backen lernen und jeder kam der Reihe nach damit dran. Ich knetete und walkte wie verrückt, und als der Brotteig endlich im Ofen war, vergaß ich, auf die Zeit zu achten. Das ganze Brot verbrannte, und immer wenn es in diesem Jahr nach Verbranntem stank, hieß es nur „Tova!" – egal, ob ich daran schuld war oder nicht.

Mit fünf Jahren, 1970, kam meine Tochter Shlomit in die Vorschule. Wie vereinbart, nahm ich sie aus der Pflegefamilie und sie wohnte wieder bei mir. In der Früh brachte ich sie in die Schule, ging dann zur Arbeit in die Ausbildungsküche und jobbte am Nachmittag als Eisverkäuferin. Die Lehrlingsentschädigung reichte nicht zum Leben aus. Außerdem war ich gern im Service. Ganz meiner Natur nach habe ich im Eissalon natürlich wieder Schmäh geführt und die Kunden unterhalten – nicht immer zur Freude der Chefitäten.

Dort gab es zwei Eigentümer: Einen Deutschen und einen Orientalen. Dem Deutschen hat meine Art des Eisverkaufs überhaupt nicht gepasst, obwohl ich gute Umsätze machte. „Abgefüllt und nach Hause geschickt", lautete sein Verkaufsmotto, frei nach dem englischen Sprichwort: „Seat them, feed them, get rid of them – Setz die Kundschaft, füttere sie und werd sie wieder los." So langweilig hat mir das aber keinen großen Spaß gemacht.

Zwei Wochen später kam der andere Eigentümer, der Orientale, zu mir und berichtete, dass der Laden ihm jetzt ganz allein gehöre und ich wieder meine Show abziehen dürfe. Das musste er mir nicht zweimal sagen.

Mit meinen beiden Jobs gab es aber oft ein zeitliches Problem. Die Zeitspanne zwischen dem Kochkurs und dem Arbeitsbeginn im Eissalon war sehr knapp bemessen. Regelmäßig kam ich zu spät. Wenn ich mich mit einer üblichen Ausrede, von wegen verspätetem Bus oder so, entschuldigte, setzte es eine Standpauke. Sagte ich aber, ich war mit einem Mann zusammen, war alles ok. Mein Chef muss geglaubt haben, dass mein Leben nur aus Sex besteht.

Trotz der Entbehrungen und Belastungen der vergangenen Jahre war mein Streben nach Unterhaltung und Vergnügen nicht gebrochen. Im Gegenteil: Ich begann das Leben im Rahmen meiner Möglichkeiten endlich mit Freude zu genießen. Dazu gehörten auch die Männer, deren Vorteile ich mehr und mehr zu entdecken begann.

Als ich eines Tages an der Bushaltestelle stand, um nach Hause zu fahren, kam mir ein unglaublich schöner Mensch entgegen. Ein echtes Bild von einem Mann: groß, schlank, muskulös mit schwarzen, seidig glänzenden Haaren. Ich war wie elektrisiert. Er ging direkt auf mich zu und fragte: „Wie wäre es mit einem Kaffee?" Ich sah ihn nur an und suchte wortlos das Weite. Da lief er mir auch noch hinterher: „Was ist schon dabei. Nur ein schneller Kaffee?" Kurz und gut: Bald darauf saßen wir gemeinsam in einem Taxi. Ich holte meine Tochter vom Kindergarten ab, bereitete ein schnelles Abendessen zu, und er spielte mit der Kleinen. Als sie schließlich eingeschlafen war, fielen wir uns leidenschaftlich in die Arme. Auch dieser

Mann sollte für die nächsten zwei Jahre einer meiner Liebhaber werden.

Weil aller guten Dinge drei sind, verliebte ich mich auch noch in einen weiteren Mann. Den anderen beiden war ich zwar zugeneigt, verliebt aber nur in diesen einen. Wochenlang flirteten wir im Bus, den wir regelmäßig gemeinsam benutzten, und eines Tages stand er bei mir im Eissalon. Es war das dritte Mal in meinem Leben, dass ich mich so richtig schwer verliebte: mit Herzrasen und allem Drum und Dran. Nur beging ich einen folgenschweren Fehler: Ich sagte ihm die Wahrheit, nämlich dass ich verheiratet sei. Ich aber alles für ihn liegen und stehen lassen würde. Meine Ehrlichkeit wurde bestraft. Er ließ mich stehen und ging zu seiner Freundin zurück. Es war leider eine kurze, aber eine sehr intensive Zeit.

Das Ausbildungsjahr neigte sich dem Ende zu und meine Tochter sollte eingeschult werden. Dieses lange Jahr in der Küche hatte mir gezeigt, dass ich die Arbeit als Köchin weder schätzte noch gern tat. Der heiße Dampf, die Gerüche und auch der dauernde Stress waren nichts für mich. Dazu kam, dass man mir mehr Gehalt versprochen hatte, ich aber nie einen Cent mehr bekam. Motiviert war ich überhaupt nicht mehr. Ich fing als Kellnerin in einem anderen Eissalon an, der vom gleichen Eigentümer betrieben wurde: eine Art von Deli mit Pancakes und Eis. Meine Schicht ging von 16 Uhr bis Mitternacht, und endlich verdiente ich in Israel das erste Mal gutes Geld.

Eigentlich ging es mir ganz gut. Ich hatte Freunde, Männer, die mich verehrten, ich konnte am Abend ausgehen, und wenn mein Ehemann von der See nach Hause kam, ließ er mich in Ruhe. Trotzdem, mein Plan stand fest: Ich wollte, ich musste Israel verlassen. Nur auf diese Weise konnte ich die Scheidung durchboxen. Wäre ich in Israel geblieben, hätte Chaki nie in die Trennung eingewilligt, und selbst wenn es doch gelungen wäre, hätten er oder seine Familie ein Leben lang versucht, mich zu kontrollieren. Das wollte ich auf gar keinen Fall. Ich musste nur noch auf den richtigen Moment warten.

Und dieser Moment kam, als mich aus Wien ein Brief meines Vaters erreichte, dass ein Kind von seiner zweiten Ehefrau Paula unterwegs war: mein Bruder Alexander, genannt Xandi. Genau das war die Chance, auf die ich die letzten drei Jahre gewartet hatte. Jetzt hatte ich ein überzeugendes Argument, um nach Österreich zu fahren und meine Tochter mitzunehmen. Noch dazu hatte mein Ehemann, seit er zur See fuhr, den Wunsch, Israel zu verlassen und im Ausland zu leben. Ich schmiedete einen Plan.

„Chaki, ich hab in Wien eine Eigentumswohnung, in der können wir wohnen und gemeinsam in Österreich ein neues Leben anfangen", machte ich ihm bald schon meine Idee schmackhaft. Mein Plan ging auf. Er kaufte zwei Flugtickets, neue Kleidung und gab mir sogar noch 7000 Schilling Bargeld mit auf die Reise.

Ich stieg mit meiner Tochter ins Flugzeug und kehrte nach Wien zurück. Nicht einmal im Traum hätte ich daran gedacht, meinen Ehemann nachzuholen. Es war vorbei. Nur die Scheidung musste ich noch durchbekommen. Aber auch das sollte mir bald gelingen.

WIEDER IN WIEN

September 1972. Wien. Großzügig wie ich war, hatte ich der zweiten Frau meines Vaters sämtliche Pelzmäntel meiner Mutter überlassen. Was hätte ich auch in Israel damit anfangen sollen. Als ich zurückkam und nicht einmal meine eigene Wohnung im 2. Bezirk benutzen konnte, weil mein Vater mit seiner zweiten Frau darin wohnte, nahm ich ihr die Mäntel wieder weg. Lieber hätte ich sie zerschnitten, als sie weiterhin bei der Stiefmutter zu wissen.

* * *

Mit einem lachenden und mit einem weinenden Auge kehrte ich also im Juni 1971 nach Österreich zurück. Ich mochte die Menschen in Israel, dem Land, in dem ich zehn Jahre gelebt hatte, deren Mentalität und vor allem die ausnahmslose Kinderfreundlichkeit – und natürlich auch das angenehme, sonnige Klima. Wien ist jedoch meine Heimat und ich hatte nur den einen Wunsch: hier mit meiner Tochter ein unbehelligtes und vor allem angenehmes Leben zu führen.

Meine Großtante Lieserl, die Schwester meiner Großmutter Angela, gewährte mir in der Pulverturmgasse im neunten Wiener Bezirk einen ersten Unterschlupf. Ich hatte zwar die Eigentumswohnung von meiner Mutter in der Wachaustraße geerbt, mein Vater und seine zweite Frau machten aber seit meiner Rückkehr keinerlei Anstalten, dort auszuziehen. Die ersten Tage in Wien waren überhaupt sehr ernüchternd: Das Kaffeehaus war weg, angeblich weil ein Geschäftspartner meinen Vater über den Tisch gezogen hatte, die restlichen, wertvollen Brillantschmuckstücke der Mutter waren in der Bank verpfändet und Bargeld gab es sowieso keins für mich. Der Vater fuhr Taxi und seine Frau ging irgendwo arbeiten.

Ich ließ mich nicht entmutigen und begann gleich nach meiner Ankunft, Arbeit im Gastgewerbe zu suchen. Stellenanzeigen gab es in den Zeitungen zur Genüge, und ich vereinbarte einige Vorstellungsgespräche. Aber immer wenn ich zu einem Termin ging, hieß es, die Position sei schon vergeben oder es wäre nur mehr ein Job in der Küche frei. Ich war so wütend, dass ich eines Tages, nachdem ich wieder eine Absage kassiert hatte, mit verstellter Stimme im selben Lokal ein zweites Mal anrief und hörte: „Kommen S' vorbei, wir suchen." Ich war sauer, gekränkt und fühlte mich diskriminiert.

Zwar hatte ich nach der Geburt meiner Tochter und Dank der verordneten Diät in Israel sehr abgenommen und kam mit knapp 80 Kilogramm in Wien an, doch dank der grandiosen Kochkünste der Tante, die mich mit Wiener Mehlspeisen und Spezialitäten regelrecht mästete, und weil ich so schwer Nein sagen konnte, zeigte die Waage nach nur zwei Monaten wieder 95 Kilogramm an. In Israel war das nie ein Problem, in Wien trotz meiner Wendigkeit offensichtlich schon. „Bei Ihrem Aussehen gehören Sie in die Küche", hörte ich bei den Vorstellungsgesprächen wie das Amen im Gebet. Drei ganze Monate lang gelang es mir nicht, bis auf einige Aushilfstage bei verschiedenen Heurigen und einem kurzen Intermezzo im Wiener Volksgarten, eine Anstellung zu finden.

Bis ich eines Tages auf eine Anzeige des Cafés „Alt Wien" in der Bäckerstraße in der Wiener City stieß und beschloss, einen neuen Versuch zu starten. Ich rief an und stellte mich mit folgenden Worten am Telefon vor: „Ich bin 1,62 Meter groß und wiege 95 Kilo, nehmen S' mich dann auch noch?" Ich wurde eingestellt. Wahrscheinlich auch deshalb, weil die Eigentümerin, eine ältere Dame, genannt Frau Arzt, sehr eigen war und sich schwer tat, gutes Personal zu finden und auch zu behalten.

Das „Alt Wien" war zu dieser Zeit ein beliebter Treffpunkt für Künstler und Schauspieler: An die Unverschämtheiten eines meist angetrunkenen Helmut Qualtinger kann ich mich leider noch gut erinnern. Viele junge Künstler des Wiener Aktionismus, wie Otto Muehl oder Hermann Nitsch, zählten zu den angenehmen Stammgästen, genauso wie junge Jazzmusiker und Musikstudenten, mit denen ich mich im Laufe der Zeit anfreundete.

Das Problem der Scheidung hatte ich noch zu lösen und schrieb daher meinem Noch-Ehemann, dass die Beziehung für mich gescheitert sei und ich die Scheidung wünsche. Wieder einmal in meinem Leben kam mir der Zufall zu Hilfe. Chaki nutzte unsere „freie Beziehung" nach meiner Abreise übergangslos dazu, ein Mädchen zu verführen und im ersten Anlauf zu schwängern. Er stand unter Zugzwang. Die Familie der jungen Frau forderte natürlich eine sofortige Heirat. Einem gemeinsamen Freund in Israel gelang schließlich das Unmögliche. „Die Tova will doch nur die Scheidung, sonst nichts von dir", redete er auf Chaki ein, und dieser stimmte schließlich zu. Die Familie der schwangeren Freundin saß ihm im Nacken und zwei Ehen konnte er ja nicht schließen. Für die formale Trennung nach jüdischem Recht musste eigens ein Schaliach (ein Vertreter) in Wien durch einen Rabbiner in Haifa bestimmt werden, damit ich die Scheidungsurkunde unterschreiben konnte. Ich war am Ziel, geschieden und frei!

Das erste Jahr seit meiner Rückkehr nach Wien ging zu Ende, und ich wollte das Versprechen gegenüber meiner Tochter einlösen und mit ihr ans Meer fahren. Beide vermissten wir den Strand und die Sonne sehr. Doch dafür musste ich mich aufraffen und den Führerschein machen – Tante Lieserl bezahlte großzügig den Kurs. Ihr war es sowieso ein Dorn im Auge, dass ich täglich mit dem Taxi in die Arbeit und danach auch wieder nach Hause fuhr.

„Achtung, die Butbul kommt", hieß es bei den Fahrlehrern bereits nach einigen Tagen. Es hatte sich schnell herumgesprochen, dass ich die Fahrstunden gern nach meinen eigenen Regeln gestaltete: So entschied ich mich beim Fahren fast immer gegen den vorgegebenen Weg des Fahrlehrers, und wenn mir ein Parkplatz, in den ich hätte einparken sollen, nicht zu Gesicht stand, ignorierte ich seine Anweisung, fuhr weiter und parkte in eine Lücke ein, die mir genehm war. Wenn ich wieder einmal besonders lästig war, versuchte ich mit einem Trinkgeld von 20 Schilling die Wogen zu glätten.

Es kam der Tag der Prüfung. Erster Prüfungspunkt, Technik: Ich muss einen derartigen Schwachsinn geschwafelt haben, dass der Prüfer nur meinte: „Stellen Sie Ihren Vergaser ein und kommen Sie in zwei Monaten wieder." Nächster Prüfungspunkt, Verkehrsregeln: Ich war so genervt, dass ich zum Prüfer nur meinte: „Ich bin grad in Technik durchgefallen. Ich hab jetzt keine Lust mehr und geh heim."

Ich war wirklich verzweifelt, wie sollte ich die Führerscheinprüfung nur schaffen!? Als ich aber in den nächsten Tagen einmal vor dem „Alt Wien" einen Autofahrer beobachtete, der zum Einparken in eine großzügige Parklücke geschlagene 15 Minuten brauchte, entschied ich: Wenn der das kann, dann schaff ich das auch.

Zum nächsten Prüfungstermin erschien ich mit nagelneuen Clogs und der festen Überzeugung: Wer Autofahren kann, kann mit jedem Schuhwerk fahren. Ich bestand die Technik-Prüfung, die Verkehrsregel-Prüfung und auch die Fahrprüfung. Ich fuhr 15 Minuten ohne einen einzigen Fehler – mit meinen Holzschuhen an den Füßen.

Ich hatte mir erst vor kurzem auf Kredit einen nagelneuen Fiat 127 geleistet. Großtante Lieserl, die Schwester meiner Großmutter Angela, wollte mir zwar einen Gebrauchtwagen schenken, ich wollte aber einen fabrikneuen Fiat 127. Stur, wie ich nun mal bin, schlug ich ihr lieb gemeintes Angebot aus und nahm stattdessen einen Kredit auf: Ich war auf diesen Fiat 127 ganz versessen. Was machte nun meine Tante? Sie ging auf die Bank und löste ohne mein Wissen den Kredit aus. Natürlich war der Wagen durch die Strafzinsen dadurch viel teurer. Ich gestand ihr nie, dass der verbeulte Kotflügel gleich bei der ersten Fahrt vom Autohändler nach Hause entstand. „Parkschaden!"

Mit meinem neuen Fiat 127 düste ich mit meiner Tochter und einem Budget von gerade mal 1000 Schilling in Richtung Italien nach Bibione. Es war ein knappes Budget, aber mehr Urlaubsgeld wurde nicht ausbezahlt. Ich hatte keine Lust, an meinem letzten Arbeitstag vor dem Urlaub mit der Kaffeehausbesitzerin zu streiten. Ich suchte einen preiswerten Landgasthof und wir verbrachten eine sehr sparsame, aber wunderschöne Woche am Meer. Wieder in Wien klärte sich das Missständnis über das zu wenig ausbezahlte Urlaubsgeld zwar auf, aber die Luft war draußen. Ich war noch immer verärgert, dass wir mit so wenig Geld Urlaub machen mussten.

Bald darauf wurde ich von einem Bekannten aus der Runde der befreundeten Jazzmusiker zum Ausgehen eingeladen. Die Musiker konnten mich gut leiden, weil ich ihnen hin und wieder eine Buchtel gratis zum Kaffee dazu gab. Die Wahrheit war jedoch, dass ich die Buchteln von meinem Trinkgeld kaufte, weil die liebe Frau Arzt das trockene Gebäck vom Vortag lieber selbst gegessen als verschenkt hätte. „Wohin soll's denn gehen", fragte ich. „Na, zum Jazz-Freddy", war die Antwort. „Auf Jazz stehe ich nicht so", warf ich ein und stimmte dem Vorschlag nur unter Murren zu. Ich hatte ja keine Ahnung, wie ich mich irren sollte.

Als wir das Souterrainlokal in der Schottenfeldgasse im siebten Wiener Bezirk betraten, traute ich meinen Augen und Ohren nicht. Da wurde ja Swing-Musik gespielt, von wegen Jazz, und ich fühlte mich an meine Jugend und die Musikbox im Kaffeehaus meiner Eltern erinnert. Von der ersten Sekunde an war ich in meinem Element und konnte mein Glück kaum fassen. „Na, wenn *du* nicht auf Jazz stehst", meinte mein Begleiter nur noch lakonisch, während ich swingend durch das Lokal groovte. Freilich kannte ich Swing-Musik aus meiner Jugendzeit. Doch nie im Leben wäre es mir in den Sinn gekommen, dass das Jazz ist. An diesem Abend entdeckte ich meine große Liebe zum Swing-Jazz.

Gleich an meinem nächsten freien Abend ging ich wieder zum Jazz-Freddy. So groß meine Vorfreude auch war, so enttäuschend verlief der Abend schließlich. Es fing bereits damit an, dass ich Eintritt zahlen musste. Für was nur, fragte ich mich. Der Laden war bis auf den letzten Platz gefüllt. Auf der Bühne saß ein Schlagzeuger mit langen, blonden Haaren und schlug mit einer dramatischen Geste nur auf die Becken ein. „Ah, Oh", kam es aus dem Publikum. Dann spielte ein Saxophonist zwei Töne und wieder applaudierten alle. Ich verstand nichts von dem, was da im ganzen Lokal vor sich ging. „Das ist doch keine Musik", schimpfte ich und forderte mein Eintrittsgeld zurück. Natürlich vergebens. Die anderen Gäste klärten mich auf: „Das ist eine Performance!" Das war meine erste Begegnung mit Free-Jazz.

Bis heute kann ich dieses Gedudle nicht ausstehen. Später, in meinem eigenen Club, spielten natürlich auch Free-Jazzer Konzerte. Aber an diesen Tagen ging ich meist ins Kino, um mir den Lärm zu ersparen. Immerhin erfuhr ich an diesem Abend, dass eine Kellnerin gesucht wurde, und ich beschloss, mich in den nächsten Tagen vorstellen zu gehen.

Aber vorher hatte ich noch ein anderes Problem zu lösen. Die Wohnsituation wurde immer beengter, und ich bekam von Tante Lieserl ein Ultimatum gestellt: „Du hast eine eigene Wohnung, warum gehst nicht dorthin. In meiner kleinen Wohnung können wir nicht weiter zu dritt wohnen." Ich wollte nie zum Vater gehen, um mein Eigentum einzufordern, nur blieb mir jetzt nichts anderes übrig. Ich musste die Wohnung der Tante verlassen, fing zu packen an und übersiedelte in die Wachaustraße.

Zwei Wochen später zog dann auch der Vater mit seiner Frau und dem kleinen Halbbruder aus. Bis auf den letzten Drücker wartete er mit seinem Umzug, den er offensichtlich schon länger in Vorbereitung hatte. Ich fand das sehr unfair.

An meinem nächsten freien Tag fuhr ich am Abend zum Jazz-Freddy, um mich vorzustellen. Ich betrat das Lokal und sah eine wunderschöne, dunkelhäutige Frau, die mir schon bei meinem ersten Besuch aufgefallen war. Sie stellte sich als Minona vor. „Sie suchen eine Kellnerin?", fragte ich. „Freddy, da steht eine Dame, die will bei uns arbeiten", rief sie in die Küche. „Untertags ist zu, wir brauchen jemanden für den Abend", hörte ich aus der Küche rufen. „Wollen Sie auch am Abend arbeiten?", fragte Minona und schrie wieder in die Küche: „Sie will auch abends arbeiten." „Das ist aber gut", kam es wieder aus dem hinteren Teil des Lokals. Dieses Pingpong-Spiel ging noch eine Weile hin und her, bis schließlich der Chef aus der Küche geschlurft kam: „Wann können Sie anfangen?", fragte er. „Jetzt", sagte ich und packte meine Schürze aus.

Ganz Profi fragte ich nach dem Stand, sprich nach der Kontrollzählung der Getränke. Leicht verwundert erklärte mir meine neue Kollegin, wir arbeiten und nach Geschäftsschluss geben wir das Geld ab. „Stand, was soll das sein?" So wollte ich natürlich nicht arbeiten und führte gleich in meiner ersten Arbeitsstunde eine Standkontrolle ein.

Einer meiner ersten Gäste war der Jazzer Uzzi Förster. Ich hatte keine Ahnung, wer dieser Mann war. Er saß an der Bar und ätzte scheinbar gelangweilt herum, weil ihm irgendetwas an der neuen, dicken Kellnerin scheinbar nicht passte. Der Abend ging vorbei und es wurde Zeit, die Abrechnung zu machen. Ich merkte schnell, wie überfordert Minona war, und griff kurzerhand selbst zum Stift. Plötzlich stand der Uzzi Förster auf, fiel vor mir auf die Knie, fing zu lachen an und küsste mir die Hände. Ich wusste nicht, wie mir geschah. Da wurde mir erst so richtig bewusst, in was für einem verrückten Laden ich gelandet war – und fühlte mich ganz in meinem Element.

So sehr ich mich auch über die neue Arbeit freute, einen Wermutstropfen gab es in meinem Leben noch: Trotz der verzweifelten Bitten an meine Stiefmutter, sich am Abend gegen Bezahlung um Shlomit zu kümmern, weigerte sie sich strikt. Sie habe mit ihrem kleinen Sohn schon genug zu tun. Es blieb nur ein Ausweg, nämlich ein Internat zu suchen. Meine siebenjährige Tochter war schwer beleidigt, weil ich sie aus ihrer Sicht der Dinge einfach abschob. Es war übrigens dasselbe Internat der Salvatorianerinnen in Kaisermühlen, in dem ich als Kleinkind auch gewesen war.

Natürlich hatte ich ein schlechtes Gewissen. Und wie! Nur, was sollte ich tun? Ich war alleinerziehend und der Verdienst war weitaus besser als in meinem alten Job. Meine Großtante, bei der wir fast ein Jahr gewohnt hatten, half freilich gerne aus. Doch Tante Lieserl war damals weit über 70 Jahre alt und auf Dauer nicht mehr so belastbar. Meine Tochter und ich hatten immer ein sehr gutes Verhältnis. Wir stritten auch manchmal und diskutierten. Als sie in die Pubertät kam, machte sie mir schwere Vorwürfe, weil ich sie so viel allein gelassen hatte. Dieser Vorwurf traf mich tief und schmerzte sehr. Denn ich hatte mich doch so bemüht, es besser zu machen als meine Eltern und mehr Zeit für mein Kind zu haben.

Bei der Geburt hatte ich mir geschworen, meiner Tochter eine perfekte Familie zu bieten. Das ist mir bedauerlicherweise nicht gelungen. Meine Tochter Shlomit setzte später mit ihrer eigenen Familie meinen Traum in die Realität um, und nicht nur deswegen bin ich ungemein stolz auf sie. Meine drei Enkelkinder liebe ich über alles. Mit noch mehr Stolz erfüllt mich aber, dass meine Tochter nach ihrem zweiten Kind die Größe hatte, sich bei mir für die Vorwürfe von einst zu entschuldigen: „Mami, jetzt verstehe ich dich viel besser, weil ich weiß, wie viel Arbeit Kinder machen", gestand sie mir Jahre später: „Und ich bin dabei sogar noch glücklich verheiratet!"

„Jazz bei Freddy", wie der Club offiziell hieß, wurde vom Chaos beherrscht: Von den Angeboten auf der Getränke- und Speisekarte fehlte mindestens die Hälfte im Lager, und ich wusste in den ersten Wochen überhaupt nicht, was ich eigentlich verkaufen sollte. Praktisch veranlagt, wie ich nun mal bin, begann ich mit den Lieferanten zu telefonieren, kam an meinem freien Tag für die Lieferungen in die Arbeit und übernahm innerhalb kürzester Zeit den Einkauf und die Lagerhaltung. Das Geschäft lief von Monat zu Monat besser und alle waren glücklich – ich eingeschlossen.

Wenn in der Wiener Stadthalle Jazzkonzerte stattfanden, kamen die Musiker nach ihrem Gig gern bei uns vorbei, um zu jammen. So auch der berühmte Schlagzeuger Art Blakey. Er ließ sich nicht lange bitten, setzte sich an die Drums und stieg ein. Immer, wenn ich seinen Blick kreuzte oder bei ihm vorbei musste, rief er: „Give me your pussy!" Er wiederholte diesen Satz so oft, bis es mir zu blöd wurde und ich seine Glatze abbusselte. Er sah mich nur verdutzt an: „Pussy!" Minona klärte mich auf: „Pussy, Gitti, bedeutet Vagina, nicht Bussi." So berühmt konnte Art Blakey gar nicht sein, dass ich ihm nicht coram publico auf gut Wienerisch die Meinung sagte. Das ganze Lokal lachte und Gott sei Dank verstand er kein Wort.

Auch mit Marianne Mendt, die 1970 mit „Wie a Glockn" ihren ersten großen Hit landete, hatte ich ein unvergessliches Erlebnis: Die Sperrstunde war längst vorüber und wir waren immer noch lustig. Irgendeiner sagte: „Gitti, sing was!" Und Marianne rief hinterher: „Ich begleite dich am Klavier." Die Arme. Ich begann die „Lou Lila" zu singen, ein anderes Lied fiel mir in den frühen Morgenstunden nicht mehr ein, und ich verwechselte dauernd Dur und Moll. Marianne Mendt versuchte verzweifelt mit meinem Gesang zurechtzukommen und meisterte diese schwere Prüfung mit Bravour. Über den Hörgenuss dieser frühmorgendlichen Session waren die Meinungen der Anwesenden freilich geteilt.

Mit Minona hatte ich eine gute Freundin gefunden, von der ich viel lernte: vor allem, Menschen nicht nur nach ihrem Äußeren zu beurteilen. Als Mulattin konnte sie ein Lied über Diskriminierung und Ausgrenzung singen. Wenn wir wieder einen Abend geschafft hatten und der Umsatz gut war, hatte sie ein ganz persönliches Ritual: „Jetzt haben wir für den Freddy viel Geld verdient, jetzt dürfen wir uns was gönnen", sagte sie mit einem Lächeln, rollte mit ihren großen Augen und genehmigte sich zwei oder drei Wodkas. Das konnte ich nicht, weil ich ja mit meinem Fiat nach Hause fahren und meist auch noch die leicht beduselte Minona heimbringen musste. Meine freundschaftlichen Taxi-Dienste wurden mir einmal sogar zu einem folgenschweren Verhängnis.

An einem Abend war es wieder sehr lustig, weil die Freundin vom Jazz-Freddy uns im Lokal besuchte. Das Paar wohnte zufällig im selben Haus im zweiten Bezirk wie ich. Es war ein feucht-fröhlicher Abend. Ich verfrachtete die angeheiterte Mademoiselle auf die Rückbank meines Fiat und fuhr für einen Zwischenstopp zum Stephansplatz, weil ich hoffte, meinen damaligen Freund dort am Taxistand zu treffen. Natürlich war er nicht da. Ich war grantig und als ich schon losfahren wollte, hielt mich ein Polizist auf und verlangte Führerschein und Fahrzeugpapiere. Und weil ihm offensichtlich langweilig war oder er nicht mehr weiter wusste, fragte er mich allen Ernstes, warum ich eine zweizeilige Nummerntafel hätte. „Das weiß ich doch nicht", gab ich gereizt zurück, riss ihm meinen Führerschein aus der Hand und wollte wieder ins Auto steigen. Da drehte mir der junge Ordnungshüter auf einmal die Hand auf den Rücken. Das tat höllisch weh und ich setzte mich natürlich zur Wehr. Ich ließ mich fallen und er musste meine Hand auslassen. Was tat der Polizist? Er trat nach mir! Da wurde ich verständlicherweise so richtig wütend, denn ich fühle mich im Recht. Eine Funkstreife fuhr zur Verstärkung vor und ich wurde verhaftet.

Nach einer sehr unruhigen Nacht im Gefängnis befreite mich endlich ein Anwalt aus meiner Zelle. Monika, die Freundin meines Chefs, hatte daheim, wieder ernüchtert, das Vorgefallene berichtet. Wochen später kam es zur Verhandlung. 1000 Schilling Strafe hatte ich zu zahlen und der „Widerstand gegen die Staatsgewalt" wurde für zwei Jahre auf Bewährung ausgesetzt. Meine Tochter Shlomit saß neben mir im Gericht und jammerte immerfort: „Mami, wenn du jetzt ins Gefängnis musst, was wird dann nur aus mir?" So ein gescheites Kind!

Zu dieser Episode gibt es noch eine nette Nachgeschichte: Vor einigen Jahren war ich zu Gast in einer Radio-Sendung, in der ich Hörerfragen beantwortete. Zu meiner großen Überraschung rief der Polizist von damals an und entschuldigte sich via Äther für sein schlechtes Benehmen: „Ich war ein junger Polizist, mit der Situation völlig überfordert und machte alles falsch." Dieser Polizist ist heute Lehrer auf der Polizei-Akademie und ich komme in jedem Ausbildungsjahrgang zu ungeahnten Ehren. Nämlich als Lehrbeispiel, was bei einer Fahrzeug-Kontrolle alles schiefgehen kann, und wie man sich als Mitglied der Exekutive richtig verhält.

Nach zwei lustigen, sehr arbeitsintensiven Jahren beim Jazz-Freddy hatte ich genug. Es wurde mir schlichtweg zu viel. Heute würde man das als Burnout bezeichnen. Ich kündigte. Jahre später, als ich längst ein eigenes Lokal hatte, hörte ich immer wieder Geschichten aus meiner Zeit beim Jazz-Freddy. Denn die Gäste und Musiker, die ich damals kennenlernte, waren dann auch in meinem Club gern gesehene Kunden.

Wieder einmal unternahm ich einen Versuch, ein „bürgerliches" Leben zu führen, und bewarb mich bei einer Versicherungsgesellschaft für den Außendienst. Ich wurde genommen, in einen Kurs gesteckt, und ein Verkaufsgebiet wurde mir zugeteilt. Eine sonderlich erfolgreiche Polizzen-Verkäuferin war ich nicht wirklich. Wenn ich auf eine ältere Frau traf, die reden wollte, leistete ich ihr auch schon einmal den ganzen Nachmittag Gesellschaft. Traf ich auf eine junge Familie, die eine Versicherung wirklich nötig gehabt hätte, aber kein Geld hatte, fuhr ich lieber nach Hause, holte abgelegte Kleidungsstücke und brachte sie vorbei. Ich verkaufte nicht rasend gut. Aber zum Leben reichte es einigermaßen.

Auf einer meiner Verkaufstouren traf ich zufällig auf den Handelsvertreter eines Kaffeerösters, den ich bereits als Lieferant vom Jazz-Freddy kannte. Wir gingen auf einen Kaffee, unterhielten uns eine Weile und wieder einmal sollte mein Leben eine neue Richtung einschlagen.

SELBSTÄNDIGKEIT

Frühjahr 1974. Die Straßenbahnlinie am Wiener Ring. Zur Eröffnung des ersten Wiener Jazz-Heurigen mietete ich einen Sonderzug der Wiener Linien, um die Werbetrommel zu rühren. Befreundete Musiker spielten im Waggon bei geöffneten Fenstern Dixieland und ich schenkte an den Haltestellen Wein aus. So eine Marketing-Aktion hatte Wien bis dato nicht erlebt. Wir waren Stadtgespräch und auch die Zeitungen berichteten darüber. Was sollte noch schiefgehen?

. . .

Schon öfter hatte ich mit dem Gedanken gespielt, ein eigenes Lokal zu eröffnen. Mit meinen 28 Jahren wusste ich zu gut, dass man den Beruf einer Kellnerin nicht ein ganzes Arbeitsleben lang ausüben kann, schon gar nicht mit Nachtarbeit. Natürlich dachte ich auch an meine Kindheit und an meine Eltern, die es als Selbständige, zumindest in der Zeit, als meine Mutter lebte, weit gebracht hatten. Mir ging es nicht darum, reich zu werden, ein gesichertes Auskommen und mehr Zeit für meine Tochter standen bei diesen Überlegungen im Vordergrund.

Der Handelsvertreter kam aus dem Lachen nicht raus, als ich erzählte, dass ich jetzt bei einer Versicherung arbeite. „Wenn eine für die Gastronomie prädestiniert ist, dann du", sagte er und hatte auch gleich ein geeignetes Lokal für mich an der Hand. Der „Germknödel-Kaiser" Toni Kaiser suchte für sein Café Zuckerl auf der Heiligenstädterstraße einen neuen Pächter. Wir fuhren sofort hin. Ich war begeistert. Vom Fernsprecher im Lokal rief ich meine Großtante an. Kapital hatte ich keines und für die Ablöse von 120.000 Schilling war ich auf ihre Hilfe angewiesen. Seit der bestandenen Führerscheinprüfung lag mir Tante Lieserl in den Ohren, ich solle doch Taxi fahren. Sie würde mir eine Konzession und ein Auto kaufen. Ich wollte aber nicht Chauffeur für andere spielen, ich wollte ein eigenes Lokal eröffnen. „Gut, wenn du keine Taxikonzession willst, dann gebe ich dir das Geld für das Café", entschied Tante Lieserl noch am Telefon und ich wäre am liebsten vor Glück in die Luft gesprungen.

Nach drei Jahren ohne Lebenszeichen meldete sich eines Tages mein Ex-Mann Chaki und rief mich aus Israel an: „Ich würde euch gern besuchen!" „Du bist herzlich willkommen", lud ich ihn – ich glaube, sehr zu seiner Überraschung – ein. Ich wollte die Gelegenheit beim Schopf packen. Denn aufgrund fehlender Unterschriften konnte ich das alleinige Sorgerecht für meine Tochter in Österreich nicht beantragen. Außerdem wollte ich meiner Tochter eine Freude bereiten. Chaki kam bald darauf und verbrachte einige Tage mit uns. Wir unternahmen einen Ausflug auf den Semmering und ich bemühte mich, besonders nett zu sein, damit ich die Unterschriften bekam. Bereitwillig unterschrieb er alle vorgelegten Formulare.

Als sich sein Besuch dem Ende zuneigte, begann er plötzlich davon zu faseln, nach Wien ziehen zu wollen und seinen Sohn aus der zweiten Ehe mitzubringen. „Du wärst so eine gute Mutter für den Buben", versuchte er mir seine Idee schmackhaft zu machen. Ich sagte zu allem Ja und Amen, nur um ihn möglichst schnell wieder loszuwerden. Zwei Wochen später meldete er sich tatsächlich aus Belgien und erklärte, schon mitten in den Vorbereitungen für seinen Umzug nach Österreich zu stecken. „Wie kommst du überhaupt auf die Idee, einer Mutter ihr Kind wegzunehmen", fauchte ich ihn an. Er solle sich nie wieder bei mir melden. „Wir sind geschiedene Leut." Dieses Kapitel war damit endgültig geschlossen. Später, als junge Frau, besuchte Shlomit ihren Vater in Israel, und es muss laut ihren Erzählungen eine schöne Zeit gewesen sein. Ich habe Chaki seit seinem Besuch in Wien nie wieder gesehen. Viele Jahre später kam er im Hafen von Venedig ums Leben.

Voller Tatendrang gründete ich mein erstes gastronomisches Unternehmen: Toni Kaiser erklärte sich großzügig bereit, mir seine Konzession zu geben und mich als Geschäftsführerin anzumelden. Bedingt durch meine Vorstrafe „Widerstand gegen die Staatsgewalt" konnte ich mich wegen des fehlenden einwandfreien Leumundszeugnisses nicht zur Konzessionsprüfung anmelden. Dann war es so weit: Ich hatte mein eigenes Lokal. Das „Café Zuckerl" war eine Mischung aus Wirtshaus und Café, traditionell im typischen Wiener Stil eingerichtet. Georg Danzer hatte das „Zuckerl" zu seinem Lieblingscafé erkoren und verbrachte oft ganze Tage bei uns. Einmal bemalte er stundenlang, offensichtlich aus lauter Langeweile, einen Tisch mit allen möglichen Figuren und Skizzen. Ich ließ die Tischplatte dann so lange wie möglich unberührt. Doch irgendwann war der Schmutz zu viel und ich wischte den Tisch ab und zerstörte dabei natürlich das Gemälde. Das tut mir heute noch leid.

Mein Konzept war einfach, aber wirkungsvoll: günstige Preise, gute Hausmannskost und eine lustige Wirtin – es funktionierte. Für die Tagschicht nahm ich eine Ex-Kollegin aus dem „Alt Wien" auf, und hoch motiviert legten wir los. Bereits am Nachmittag herrschte Hochbetrieb bei der „dicken Wirtin", ab sieben Uhr kamen die Jugendlichen, die Musikbox lief ohne Pause und gegen Mitternacht schneiten noch die Gäste aus den Heurigen bei uns rein. Oft waren wir so gut besetzt, dass Gläser und Teller ausgingen und ich mit dem Spülen kaum nachkam. Der Renner auf der Speisekarte war unsere Spezialität: Fohlenleber mit Curry. Die Umsätze waren hervorragend, doch die offenen Rechnungen konnte ich zu meiner Verwunderung nur mit Mühe bezahlen. Es wird schon besser werden, dachte ich jedes Mal, wenn ich den Stapel Erlagscheine am Küchentisch sah.

Als wir gerade den Stress der ersten Wochen hinter uns gelassen hatten und sich Alltag einstellte, eröffnete mir meine Mitarbeiterin, sie müsse jetzt auf Urlaub fahren. Wie ich allein im Geschäft zurechtkommen sollte, war ihr ziemlich egal. Mir blieb nichts anderes übrig, als das Lokal erst ab 16 Uhr zu öffnen. Ich konnte ja nicht zwölf Stunden allein im Geschäft stehen. Gesagt, getan, und ich kam aus dem Staunen nicht mehr heraus. Obwohl die Öffnungszeiten kürzer waren, hatte ich von heute auf morgen ausreichend Geld in der Kassa. In nur einem halben Jahr war der Privatkredit meiner Großtante zu zwei Dritteln zurückbezahlt und alle offenen Rechnungen aus dem laufenden Betrieb waren beglichen. Das „Café Zuckerl" erwies sich als wahre Goldgrube. Meine sogenannte Freundin musste mich nach Strich und Faden betrogen haben. Ihren Job konnte sie sich bei ihrer Rückkehr in die Haare schmieren.

Im Kaffeehaus lernte ich auch Walter kennen. Er reparierte im Prater Automaten und half manchmal im Geschäft aus. Shlomit verstand sich gut mit ihm und so gab ich schließlich seinem Drängen nach und er zog bei uns ein. Meine Tochter war überglücklich. Endlich hatte auch sie einen Papa, konnte das Internat verlassen und wieder daheim wohnen. Und ich hatte endlich einmal eine komplette Familie daheim.

Eine weitere schöne Zufallsbegegnung fällt in diese Zeit: Unter den Jugendlichen im Café war ein schlaksiger junger Mann, genannt Bernd. Dieser bestellte sich an einem Mittwochabend ein Bier: „Zahlen kann ich erst am Freitag", sagte er. „Also gut", nahm ich die Bestellung auf und griff zu einem Bierglas. „Warum bestellst dann, wenn'st kein Geld hast?", fragte ich und er antwortete: „Weil ich Durst hab!" Seine freche Lausbuben-Art gefiel mir und wir freundeten uns an. Bernd war Lehrling in einem Elektroinstallationsbetrieb und hatte gerade seine Mutter verloren. Er war geschickt, half mir viel im Geschäft und wurde schnell ein Teil meiner Familie, eine Art von Adoptivsohn. Jahre später, während eines Urlaubs in Gran Canaria, hatte ich es in gewisser Weise ihm und seiner Familie zu verdanken, dass ich mich Hals über Kopf in einen Mann verliebte.

Das Kaffeehaus allein, nur mit ein paar Aushilfen, zu betreiben, war eine unendliche Schufterei. Es gefiel mir trotzdem und ich hatte ein gutes Auskommen. Einmal bin ich doch auf die Butterseite des Lebens gefallen, dachte ich oft bei mir, wenn ich mittags ins Geschäft fuhr. Wir planten, den ersten Geburtstag des „Café Zuckerl" unter meiner Führung zu feiern, als der Hauseigentümer ins Geschäft kam und mir eröffnete, das Lokal künftig selbst nutzen zu wollen. Ich war geschockt. Es lief doch alles so gut. Was sollte ich nur tun? Er bot mir exakt den gleichen Ablösebetrag an, den ich an Toni Kaiser bezahlt hatte. Ein fairer Deal. Um einer längeren gerichtlichen Auseinandersetzung aus dem Weg zu gehen, stimmte ich dem Angebot zu. Nach Abzug aller offenen Rechnungen und der Bezahlung der restlichen Schulden bei Tante Lieserl blieben mir 50.000 Schilling übrig. Ich ging auf die Suche nach einem neuen Lokal.

Mein Plan war, ein neues Geschäft im 19. Bezirk zu suchen, denn dort war ich bekannt und hatte meine Klientel. Es gab einen Heurigen in der Probusgasse, der zu pachten war und mich interessierte. Bei der Besichtigung traf mich ein Geistesblitz. Das Geschäft bestand aus einem Kaffeehaus, einem Heurigen-Lokal mit einem schönen Garten und darunter war ein großer, ungenutzter Keller. In meinem Kopf sah ich schon das Reklameschild über der Eingangstür: Jazz-Heuriger.

Mit 50.000 Schilling Startkapital in der Tasche wurde ich schnell mit dem Vermieter handelseins und begann den Keller zu adaptieren. Das Problem der fehlenden Konzession löste ich wiederum über eine Anstellung als Geschäftsführerin. Ich vertraute auf die Handschlagqualität meines Gegenübers und dachte nicht im Traum daran, zu meiner eigenen Absicherung ein paar Erkundigungen über den Vermieter einzuholen. Ich war in geschäftlichen Angelegenheiten so was von naiv und sollte dafür knapp ein Jahr später ordentlich Lehrgeld bezahlen. Die alteingesessenen Heurigen-Wirte aus der Nachbarschaft waren von meiner Idee nicht sehr begeistert. Im Gegenteil. Sie mauerten von Anfang an. Mir war das jedoch völlig egal. Ich war von meiner Idee überzeugt, wollte schnell Resultate sehen und aufsperren.

Im Frühjahr 1974 eröffnete ich den ersten Jazz-Heurigen Wiens in der Probusgasse: Während ich am Eröffnungstag mit einem Sonderzug der Wiener Linien die Werbetrommel rührte, wurden im Keller noch die letzten Arbeiten beendet. In den ersten Wochen mussten wir noch ein wenig improvisieren und der große Andrang ließ ein wenig auf sich warten, ich war aber trotzdem guter Dinge und immer noch vom Erfolg überzeugt.

Ich betrieb das Kaffeehaus, den Heurigen mit Garten und als Attraktion den Jazzkeller. Erst legten wir nur Platten auf, doch als der Umsatz besser wurde und wir mehr Geld verdienten, stellten wir auch ein Programm zusammen. Die alten Freunde vom Jazz-Freddy kamen, und wenn sie gut drauf waren, spielten sie auch den einen oder anderen Set. Überraschend schnell sprach sich unsere ungewöhnliche Location bei den internationalen Jazz-Stars herum. Immer, wenn sie in Wien ein Konzert spielten, schauten sie nach dem Konzertende auf einen Sprung vorbei und blieben oft bis in die frühen Morgenstunden. Herbie Hancock zum Beispiel war total begeistert und spielte sogar zwei Sets mit einigen jungen Musikern aus Wien. Bill Ramsey war zu Gast, doch der hatte großes Pech: Ein Gast stolperte und schüttete seinen Rotwein in seine Tasche. Ich hatte Angst, er würde in der Sekunde das Lokal verlassen. Ramsey aber lachte nur und meinte in seinem lustigen Deutsch-Amerikanisch: „Shit happens" – und ging auf die Bühne, um zu jammen. Schnell wurden wir zum beliebten Treffpunkt der jungen Musikszene Österreichs: Wolfgang Ambros, Georg Danzer oder Josef „Joesi" Prokopetz, um nur einige Namen zu nennen.

Mit dem Sommer zog das Geschäft im Gastgarten deutlich an und ich war guter Dinge. Dann begann sich die alternative Szene für eine Hausbesetzung im dritten Bezirk zu formieren. Aus dieser Aktion entstand ein Jahr später die heutige Arena (ein von der Stadt Wien subventioniertes Jugend-Veranstaltungszentrum). Statt Spaß beim Jazz-Heurigen lautete die Devise nun Hausbesetzung, und ich schaute durch die Finger. Noch kamen genug anderen Gäste – und auch das Ordnungsamt in schöner Regelmäßigkeit. Einmal musste ich sagenhafte 4000 Schilling Strafe bezahlen, weil ich den Liptauer nicht nach Original-Rezept mit Brimsen anrichtete. Ich ließ mich jedoch weiter nicht entmutigen.

Weil es noch immer keinen unterschriebenen Vertrag gab, forderte ich diesen nun vehement ein. Ich wartete, doch kein Dokument wurde geschickt oder vorgelegt. Jetzt erst fand ich heraus, dass ich den Heurigen von einem Subpächter übernommen hatte, der eigentlich kein Weitergaberecht hatte, und ich einem Betrug aufgesessen war. Wütend stellte ich meine Pachtzahlungen ein und ignorierte die eintrudelnden Mahnungen. Als ich eines Tages mit einem vollen Kofferraum vom Großhandel kam und meine Ware verstauen wollte, passte der Schlüssel nicht mehr. Die Schlösser waren ausgetauscht worden und ich war als Geschäftsführerin fristlos entlassen. Ich hatte genau 10.000 Schilling in meiner Tasche und ein Auto voller verderblicher Lebensmittel. Mein ganzes Geld steckte in dem Geschäft, das mir eigentlich nie gehört hatte.

Nach einigen Telefonaten durfte ich noch einmal auf das Gelände: Mit Hilfe meiner besten Freunde schleppten wir alles, was nicht niet- und nagelfest war, zu den Autos und fuhren damit in meine Wohnung im zweiten Bezirk. Zum Schluss riss ich aus lauter Wut und Verzweiflung noch die Kabel und Lampen aus den Wänden, die wir für teures Geld im Keller montiert hatten. Rechtlich hatte ich keine Chance. Ich wurde nach allen Regeln der Kunst über den Tisch gezogen, belogen und verraten.

Meine Stammgäste aus dem Heurigen wollten auf ihr „Wohnzimmer" nicht verzichten und überfielen mich daher regelmäßig in meiner kleinen Wohnung im zweiten Bezirk. Aus der Not machte ich eine Tugend und bewirtete sie in meinen eigenen vier Wänden: inmitten von angefüllten Kisten voller Teller und Gläser, zwischen Lautsprechern und Einrichtungsgegenständen aus dem Jazz-Heurigen. Anfangs fand ich es noch ganz amüsant. Doch nach zwei Monaten wurde mir klar, ich musste ein neues Lokal finden. Ich erklärte den Freunden, dass ich in meiner Wohnung mit 65 Quadratmetern kein Lokal betreiben könne und auch gar nicht dürfe. Deren Reaktion: „Dann musst du eben ein neues aufsperren!" Also begann ich mich umzuhören.

Ein junger Musiker aus der Schweiz, Matthias Rüegg, erzählte mir von einem Haus am Bauernmarkt im ersten Bezirk, in dessen Hof ein Proberaum leer stand. „Das wäre perfekt für ein Lokal." Rüegg wohnte dort, weil es in den Kellern des Hauses günstige Proberäume gab. Im Haus selbst wohnten Ausländer, viele Musiker und Künstler. „Das Haus gehört übrigens einem gewissen Dr. Bohdal", sagte Matthias. „*Der* Dr. Bohdal?", fragte ich. „Das ist der Cousin meines Vaters." Ich machte einen Termin in seiner Kanzlei und wir wurden handelseins, auch wenn er mir als Verwandter nicht entgegenkommen wollte. „4000 Schilling Miete und zwei Monate Kaution", lautete seine Bedingung. „Beim Geschäft hört die Familie auf." Ich unterschrieb. Geld hatte ich keins, nur Schulden. Es wird schon werden, machte ich mir selbst Mut.

GITTIS JAZZ CLUB

*März 1982. „Gittis Jazz Club" in der Seilerstätte, Palais Coburg.
Es war eine Zeit der Performances und Happenings. Auch bei mir
im Lokal. Der international gefeierte Pianist Friedrich Gulda
hatte den Jazz für sich entdeckt und mein Lokal gleich mit. Lange
bevor er dies auch im Fernsehen tat, veranstaltete er seine ersten
Nackt-Konzerte in meinem Club und löste beim Publikum heftige
Kontroversen aus. So toll ist der Body auch wieder nicht, dass
man ihn öffentlich zur Schau stellen muss, war meine einzige
Reaktion. Fürs Geschäft war es freilich gut, denn es verbreitete
sich wie ein Lauffeuer in der ganzen Stadt: Bei der Jazz Gitti
herrscht jetzt Sodom und Gomorrha.*

• • •

Das leicht baufällige Haus im Durchgang vom Bauernmarkt zum
Wildpretmarkt war eine künstlerische Keimzelle in der Wiener
City. Hier wohnte nicht nur Matthias Rüegg mit vielen seiner
Musiker-Kollegen, sondern etwa auch Thomas Spitzer von der
EAV (Ersten Allgemeinen Verunsicherung). Das erste Pro-
gramm der Band entstand übrigens bei mir im Jazz Club. Das
Ladenlokal war für alles, nur nicht für einen gastronomischen
Betrieb geeignet. Es war über Jahre als Proberaum für eine
Country-Band genutzt worden und sah entsprechend aus.

Geld hatte ich keins. Wir mussten improvisieren und bastel-
ten ein echtes Second-Hand-Lokal: Aus dem Möbellager der
Caritas kauften wir preiswerte Sofas und stellten davor Bierkis-
ten mit Holzplatten drauf. Ich fuhr zu Sperrmüllsammelplätzen
und suchte nach Tischen und Stühlen und packte alles ein, was
nur irgendwie brauchbar erschien. Auch ein altes, wackeliges
Klavier trieben wir irgendwo auf. Mein Lebensgefährte bastelte

aus einer alten, geschenkten Anrichte und der Verstärker-Anlage aus dem Jazz-Heurigen ein DJ-Pult und daneben eine kleine Bühne. Toilette gab es nur eine einzige. Wir montierten eine alte Bassena als Pissoir und ließen das Wasser dauernd rinnen, damit sich kein Geruch entwickeln konnte. Als Sichtschutz diente eine Art von Western-Saloon-Tür aus zwei Brettern und alten Bettfedern als Scharnier, passend zu den Wandgemälden mit Pferden von der Country-Band. So hatten die Männer bei der Notdurft freie Sicht durch das Lokal bis hin zur Bühne.

Die Wände strichen wir in der selbst ausgerufenen Modefarbe Umbra, ganz dem Zeitgeist entsprechend verziert mit farbigen Monden und Sternen. Und als Küche diente ein mit einer riesigen Pressspanplatte abgetrennter schmaler Gang mit ein paar alten Kommoden, Elektroplatten und Kühlschränken. Von der Bierfirma bekam ich wenigstens eine Schankanlage zur Verfügung gestellt. Kurz: Es war alles fürchterlich improvisiert, komplett ohne behördliche Genehmigung – und Konzession hatte ich aus Zeitmangel noch immer keine.

In nur wenigen Wochen war das neue Lokal bezugsfertig und im Frühjahr 1975 eröffnete ich „Gittis Jazz Club" im ersten Wiener Bezirk. Der Name war schnell gefunden, denn als Jazz Gitti war ich längst ein Begriff in der Szene. Ich führte einen Einheitspreis von 20 Schilling für alles ein. In den ersten Tagen nach der Eröffnung nahmen wir oft nicht einmal 500 Schilling ein. Doch dieser magere Umsatz sollte sich in nur wenigen Tagen um ein Vielfaches steigern. Besonders beliebt waren die Ei-Aufstrichbrote aus Schwarzbrot vom Bauern und extra dick bestrichen.

„Gittis Jazz Club" entwickelte sich rasch zu einem beliebten Treffpunkt nicht nur für Jazzer, sondern auch für die junge alternative Szene Wiens. Die ersten Versammlungen für den organisierten Widerstand gegen das Atomkraftwerk Zwentendorf fanden hier statt. Wien war damals, Mitte der 70er-Jahre, ein eher verschlafenes Nest an der Grenze zum Ostblock. Mein Beisl brachte Leben in die Stadt und ein wenig darf ich stolz sein, die moderne Wiener Szene-Kultur mitbegründet zu haben. Immer mehr Promi-Kinder mischten sich unter die Gäste, und weil die Polizei wusste, welch strenges Regiment ich gerade in Bezug auf Drogen führte, ließ man mich weitgehend in Ruhe. Ich wurde zu einer Institution. Anders kann ich mir heute nicht erklären, dass ich während dieser vier Jahre ohne auch nur irgendeine behördliche Genehmigung oder Kontrolle vor mich hin wursteln konnte. Vielleicht deshalb, weil ich peinlichst genau darauf achtete, pünktlich meine Steuern zu zahlen, und auch diverse Verwaltungsstrafen, die man mir manchmal aufs Auge drückte, ohne Diskussion beglich.

Jeder Tag hielt eine neue Überraschung parat. Einmal bog ich gerade um die Ecke und sah Feuerwehrautos beim Einsatz vor dem Haus mit dem Jazzclub. Oh Gott, dachte ich, jetzt ist alles vorbei. Nichts war, es brannte nur in einem Proberaum tief unten in dem vierstöckigen Keller. Ein anderes Mal stand der Gerichtsvollzieher vor der Tür und klopfte. „Ich habe doch alle Erlagscheine bezahlt", fuhr ich ihn an. Der arme Mann wollte nur nach einem Mieter im Haus fragen. Erst einige Jahre später sollte der Gerichtsvollzieher regelmäßig an meine Türe klopfen. Schritt für Schritt sanierten wir das Lokal weiter und kauften sogar einen Geschirrspüler. Nach zwei Jahren erhöhte ich die Preise auf unverschämte 23 Schilling. Die Ei-Aufstrichbrote waren mittlerweile ein Klassiker.

Mein Freund Matthias Rüegg kam eines Tages auf ein Bier ins Lokal und erzählte mir von der Gründung des heute weltberühmten Vienna Art Orchestra: „Gitti, das erste Konzert spielen wir bei dir." Ich hatte zwar keine Ahnung, wovon er redete, ich akzeptierte einfach. Dieses Konzert sollte in die Musikgeschichte eingehen.

Trotz aller Promis, Szene- und Alternativ-Besucher standen die Jazzer immer noch im Mittelpunkt und verlegten ihr Wohnzimmer nur zu gern an den Bauernmarkt, darunter Fritz Pauer, Wolfgang Puschnig oder Roland Batik, kurz: das Who Is Who der heute erfolgreichen heimischen Jazz-Szene. Wir waren eine große Familie und trotzdem offen für jedermann: An einem Abend betrat ein Mann mit einer Schirmmütze das Lokal und blieb allein an der Bar stehen. Es war der Tänzer Rudolf Nurejew. Natürlich schaute auch der legendäre Fatty George oft vorbei. Er veranstaltete in jener Zeit regelmäßig Matineen im Wiener Gartenbaukino, und meine Tochter Shlomit und ich verdienten uns mit dem Verkauf von Programmheften bei den Matineen gern etwas dazu.

In dieser Zeit wurde ich immer öfter eingeladen, selbst zu singen. Dafür war ich schnell zu begeistern und enterte bereitwillig die Bühne, um den einen oder anderen Jazz-Standard zum Besten zu geben. Wirklich Ahnung von dem, was ich da auf der Bühne tat, hatte ich ehrlich gesagt nicht. Ich verließ mich einfach auf die Musiker und wir hatten Spaß. An einem Nachmittag kurz vor dem Aufsperren, ich machte gerade die Abrechnung, spielte mein Lebensgefährte Walter Musik am DJ-Pult. „Wer singt denn da, die Alte ist gut", rief ich zu ihm rüber, „aber sie hört nicht auf die Musiker." – „Puppilein, das bist du. Erinnerst du dich nicht? Gestern bist du bei den ‚Roaring Twenties' eingestiegen und ich hab's mitgeschnitten." Das war ein Schlüsselerlebnis und ich nahm mir vor, künftig mehr auf die Musiker einzugehen. Ich wollte mich musikalisch weiterbilden, schrieb Texte von Schallplatten ab und ließ mir von befreundeten Musikern das eine oder andere erklären.

Nach vier Jahren, im Sommer 1979, stellte mir der Bezirksvorsteher der Wiener Innenstadt ein Ultimatum: Die Abrisspläne für das Haus lägen bereits im Magistrat vor und ohne behördliche Genehmigung könne ich sowieso nicht mehr weitermachen.

Mit tat es zwar leid um die über die Jahre lieb gewonnene „Hütte", doch ich hatte keine Schulden und sogar etwas auf die Seite gelegt. Warum sollte es in einem neuen Jazzclub nicht weitergehen wie bisher auch?

Ich beschloss, ein neues Lokal zu suchen, und wurde in der Seilerstätte, im rückwärtigen Teil des Palais Coburg, fündig: ein wunderschöner, großer Keller und perfekt für einen Jazzclub geeignet. Die Miete war um einiges höher, aber ich ging davon aus, dass ich mit einer größeren Fläche auch mehr Umsatz machen würde. Mit einem Bankkredit von eineinhalb Millionen Schilling und mit der Sicherheit meiner Eigentumswohnung baute ich einen von A bis Z genehmigten Jazzclub und sogar die Konzessionsprüfung konnte ich dank der Verjährung jetzt absolvieren. Die mündliche Prüfung bestand ich gleich beim ersten Mal. Für die schriftliche Prüfung, vor allem für die Buchhaltung, leistete ich mir zwei Nachhilfestunden – und bestand im zweiten Anlauf. Buchhaltung, muss ich zugeben, hat mich nie sonderlich interessiert. Wen wundert's?

Im Frühjahr 1980 gab es eine große Eröffnungsfeier und ich glaubte mich am Ziel meiner Träume. Doch mein Lebensweg sollte auch diesmal kein geradliniger sein. Die ersten Monate begannen vielversprechend, der neue Club wurde angenommen und ich erwirtschaftete gutes Geld. Dann beging ich einen folgenschweren Fehler: Jahrelang hatte ich mir so gut wie nichts geleistet, nur für das Geschäft gelebt und gearbeitet. Ich erfüllte mir den einen oder anderen Wunsch und lud meine Familie im Sommer zum Campen nach Kärnten ein. Kein ungebührlicher Luxus, aber ich drehte nicht mehr jeden Schilling zweimal um. Heute weiß ich, ich hätte lieber schneller meine Schulden zurückzahlen sollen.

Nach einem Jahr ging es mit den Problemen los: Anzeigen wegen Lärmbelästigung, dauernde Kontrollen von der Gewerbeaufsicht, überfallsartige Überprüfungen und vieles mehr. Ich sah mich vor lauter Ordnungsvergehen und Anzeigen gar nicht mehr raus.

Meine Stammgäste aus der Jazz-Szene hielten mir weiterhin die Treue. Charlie Ratzer spielte auch ohne Verstärker mit seiner Gitarre und Leo und Elli Wright kamen fast jeden Abend. Solange es noch Live-Musik gab, fand sich immer eine Partie zum Jammen und wir veranstalteten regelmäßig Konzerte. Dabei entstand eine nette Tradition: Gespielt wurden immer drei Sets, der vierte Set, sozusagen die Zugabe, fand mit mir als „Gast-Star" statt. Ich liebte diese kleinen Auftritte als willkommene Abwechslung zu den täglichen Sorgen. Mein erster Gast aus dem Jazz-Freddy, Uzzi Förster, brachte mich sogar zum Improvisieren: „Hey Sister Lucy, What Makes Your Lips So Juicy", schmetterte er mir entgegen und ich machte daraus: „Hey Sister Lucy, You're So Fat And Juicy" und begann zu improvisieren.

Die ewigen Kontrollen wollten kein Ende nehmen. Wenn am Samstag endlich einmal der Laden brummte, veranstaltete die Polizei jedes Mal eine Razzia, sogar mit Rottweiler-Hunden. Ich war verzweifelt. In der ganzen Stadt war ich wegen meines strengen Regiments bekannt und Drogen wurden in meinem Geschäft nicht geduldet. „Ich häng euch an den Eiern auf", drohte ich zwielichtigen Gestalten manchmal. Später erfuhr ich, dass den Klienten vom Anton-Proksch-Institut in Kalksburg geraten wurde: Wenn schon ausgehen, dann nur zur Gitti. Bei mir gab es keinen Alkoholzwang.

Dann wurde mir zu allem Überfluss auch noch die Livemusik-Genehmigung entzogen, weil angeblich der Schallschutz nicht ausreichend war. Genehmigt hatte die Livemusik dasselbe Magistrat, das mir die Genehmigung auch wieder entzog. Ein Jazzclub ohne Konzerte? Wie sollte das denn gehen? Es ging noch mehr. Für teures Geld musste ich sogar einen Lautstärke-Begrenzer in die Verstärker-Anlage einbauen lassen.

Als Szene-Institution waren viele Musiker von der Band „Drahdiwaberl" meine Stammgäste. Auch der Gründer und künstlerische Kreativkopf der Gruppe, Stefan Weber, gab sich regelmäßig die Ehre. Ihn kannte ich bereits aus den Zeiten vom Bauernmarkt. Er lud mich Anfang der 80er-Jahre ein, mit seiner Band aufzutreten, und weil ich mich, auch wegen meiner Körperfülle, gern selbst auf die Schaufel nahm, sagte ich spontan zu. Mein erstes Lied war ein Operetten-Schlager, „Im Prater blüh'n wieder die Bäume", den wir ganz in der Tradition der „Drahdiwaberl" schräg und komisch zum Besten gaben.

Stefan Weber hatte auch die Idee für mein Bühnenoutfit, das später zu meinem Markenzeichen werden sollte. „Du gehörst in eine sexy Korsage", entschied er während einer Probe, und sofort nahm ich seine Idee auf: „Meine Beine sehen aus wie Rollschinken, also kommen sie in ein Netz." Eine dumme Idee, stellte ich bald darauf fest. Netzstrümpfe waren damals überhaupt nicht in Mode und ich hatte meine liebe Müh, Strümpfe nicht nur in meiner Größe, sondern auch in ausreichender Menge aufzutreiben. Bei jedem Auftritt musste ich aufpassen, dass Stefan Weber in seiner Wildheit und mit seinen Ketten die Strümpfe nicht total zerriss.

Von 1981 bis 1983 hatte ich geschätzte 25 Auftritte mit den „Drahdiwaberl" in Österreich und sogar in Deutschland und konnte damit meine ersten Bühnenerfahrungen sammeln. Es war ein gewaltiger Unterschied, ob ich im Jazzclub nur einen Song vor Freunden sang oder in einer Halle mit einer Chaostruppe auftrat. Mit jedem Konzert fasste ich mehr Selbstvertrauen und, was noch viel wichtiger war, ich begann mich auf einer Bühne, singend und tanzend, so richtig wohl zu fühlen.

An einen Promotion-Auftritt bei einer Pressekonferenz erinnere ich mich noch lebhaft: Wir fuhren mit dem Auto von München nach Graz, um ein Konzert zu bewerben, und kamen mit einiger Verspätung an. Mehr schlecht als recht versuchte ich mich im Auto zu schminken und zwängte mich in mein Bühnenkostüm. Wir betraten die Pressekonferenz, die bereits begonnen hatte, und gaben unser Bestes: Ich, ganz femme fatale, begann laut zu singen, schritt durch die Reihen und spielte mich mit den versammelten Journalisten. Als Höhepunkt meines Auftritts nahm ich die bereitgestellten Brötchen und drehte sie, eins nach dem anderen, „aktionistisch" um und legte sie mit der Belagseite nach unten zurück aufs Tablett. Der Besitzer des Cafés traute seinen Augen nicht und die Journalisten waren amüsiert. Ich ging auf die Toilette, schminkte mich ab, wechselte die Kleidung und betrat wieder den Gastraum. „Bitte entschuldigen Sie, könnt' ich jetzt vielleicht einen Kaffee haben", bat ich den Cafétier höflich und blickte in sein fassungsloses Gesicht. „Geschäft ist Geschäft, privat ist privat."

Stefan Weber verdanke ich auch meine erste Single-Veröffentlichung. Ermutigt durch den großen Erfolg der „Kottan"-Serie wurde der Song „Lonely" in einer „Kottan"-Folge von Lukas Resetarits mit „Drahdiwaberl" gesungen, im Studio aufgenommen und als Single gepresst. Das Cover zierte ein Foto von mir und meiner wilden Haarmähne. „Lonely" erreichte Platz 4 in der Ö3-Hitparade. Nur von meinem „Itsy Bitsy Teenie Weenie Honolulu Strandbikini" auf der B-Seite nahm keiner wirklich Notiz. Das war mir aber reichlich egal, denn weil die Single im ORF rauf und runter gespielt wurde, damals gab es ja noch keine Privatradios, bekam ich trotzdem Tantiemen. Ein unerwarteter Geldeingang auf meinem ewig klammen Konto.

Das Coverfoto der Single hing später übrigens riesengroß über dem Stammtisch im Jazzclub, und wenn ein neuer Gast von den Alteingesessenen am Stammtisch eingeführt wurde, hieß es mit Blick nach oben nur: „Hier ist alles erlaubt, außer andere zu stören. Darüber wacht die Chefin höchstpersönlich!"

In „Gittis Jazz Club" waren alle Gäste gern gesehen, solange sie sich anständig benahmen, vom Müllkutscher bis zum Generaldirektor, und für diese Mischung war ich bekannt. Beliebt war der Club natürlich wegen der günstigen Preise auch bei den Musikstudenten vom nahegelegenen Konservatorium der Stadt Wien. Viele junge Musiker hatten auf meiner kleinen Bühne ihre ersten Auftritte. Eine kleine Gage gab es ebenfalls und ein Abendessen mit Freigetränk dazu.

Aus diesen Begegnungen entwickelten sich neue Freundschaften mit der Nachwuchsgeneration und diese neuen Freunde sollten meinem Leben schon bald wieder eine entscheidende Wendung geben.

CRASH

20. Januar 1986. Stetten bei Wien. Die Nachbarn staunten nicht schlecht, als ein meterlanger LKW die Landstraße entlangfuhr und vor meinem Wochenend-Miethaus stehen blieb. Arbeiter stiegen aus und begannen alle möglichen Einrichtungsgegenstände auszupacken. Da stand ich nun, hilflos, und sah zu, wie mein Jazzclub, zerlegt in Kisten, Stück für Stück in den Garten getragen wurde. Es sollten Jahre vergehen, bis ich Geschirrspüler, Stühle, Tische und Bänke verkauft, verschenkt oder entsorgt hatte.

· · ·

Statt aufwärts ging es weiter bergab. Der Laden wollte nicht mehr so recht in Schwung kommen. Neue Jazzclubs eröffneten in der Innenstadt, die jungen Alternativen hatten das Bermuda-Dreieck für sich entdeckt, und in meiner Gegend entstanden neue Diskotheken, die ein ganz anderes Publikum anzogen. Zusätzlich hatte ich mich noch überreden lassen, den Nachbarkeller als Lager zu mieten, um mir „unliebsame Konkurrenz" zu ersparen. Die doppelten Mietkosten drückten mich weiter nieder. Meine Annahme, dass ein größeres Lokal auch mehr Umsatz bringen würde, erwies sich als Irrtum. Die Umsätze wurden schlechter, die Behördenwillkür nahm zu, und ich konnte von Monat zu Monat immer weniger Rechnungen bezahlen.

Die Rettung sollte eine Expansion mit einem Folk- und Blues-Lokal in der Westbahnstraße, in der Nähe des Westbahnhofs im siebten Bezirk, bringen. Meine Tochter übernahm dort für zwei Jahre die Geschäftsführung. Die Investition erwies sich als weiterer Fehlschlag und kostete mehr, als sie einbrachte. Es wurde immer enger und die Mietschulden stiegen und stiegen. Ich fühlte mich ausgelaugt, am Ende und war dem Druck kaum mehr gewachsen.

Der ständige Stress und das dauernde Troubleshooting der letzten Jahre hatten auch in meinem Körper deutliche Spuren hinterlassen. Jahrelang hatte ich Appetitzügler genommen, noch dazu weit mehr als die empfohlene Tagesration. Ich hatte die aufputschende Wirkung des Medikaments, das mittlerweile längst verboten ist, unterschätzt, und hatte dann noch dazu eines Tages von heute auf morgen damit aufgehört. Daraufhin völlig ungehemmt und mit ständiger Lust auf Essen, nahm ich in den nächsten Monaten so stark zu, dass ich die 150 Kilo-Marke übersprang. Während ich das Lokal am Bauernmarkt betrieb, hatte ich dreimal versucht, mit Unterstützung der „Weight Watchers" abzuspecken. Dreimal nahm ich zwischen 30 und 40 Kilo ab und fraß sie mir sofort wieder an. Diese extreme Belastung setzte meinem Körper beträchtlich zu und ich fühlte mich immer schlechter. Bis eines Tages die Waage 165 Kilogramm anzeigte. Das war dann „The Way Of No Return". Ich fragte mich damals selbst oft, wie man sich nur so fett fressen kann. Eine zufriedenstellende Antwort kann ich mir bis heute nicht geben.

Im Sommer nach der Eröffnung des neuen Clubs in der Seilerstätte traf ich den Entschluss, mir etwas zu leisten und fuhr im Sommer in eine Schönheitsfarm nach Kärnten. Wegen meiner hohen Zuckerwerte musste ich bereits täglich Tabletten schlucken. In nur drei Wochen nahm ich 30 Kilo ab und fühlte mich gleich viel besser. Die Tabletten konnte ich wieder absetzen. Aus dieser Zeit des Kuraufenthalts erinnere ich mich noch an eine Prinzessin zu oder von Coburg, die dort den Sommer verbrachte. Die anderen Damen glaubten, bei der Adeligen immer sehr höfisch auftreten zu müssen. Mir war das egal, und das gefiel der Prinzessin: „Teuerste", ermahnte sie mich beim nachmittäglichen Tee: „Vergessen Sie nicht auf Ihren Diätplan und machen Sie einen großen Bogen um das Kuchenbüffet." Leichter gesagt als getan. „Frau Coburg, mir is so schlecht vor Hunger, des können S' sich gar ned vorstellen." – „Contenance, liebe Frau Butbul, es wird Ihnen schon gelingen." Nach dieser Konversation mussten wir beide herzlich lachen.

Mein Lebensgefährte holte mich mit meiner Tochter nach drei Wochen ab und wir fuhren für zwei Wochen Camping-Urlaub an einen See. Die Kilos purzelten weiter.

Wieder in Wien, hatte ich bis Weihnachten wieder mein altes Gewicht auf den Knochen, und noch mehr: Zucker, eine Fettleber und Wasser in den Beinen. Ich wäre gestorben, wenn ich nichts unternommen hätte. Einen Tag vor der Abreise zu meinem sommerlichen Kuraufenthalt hatten mich drei junge Frauen im Club besucht, mir stolz Vorher-Nachher-Bilder gezeigt, und mir von einer neuartigen Operationsmethode zur Magenverkleinerung erzählt. Alle drei hatten sie durch diese OP fantastisch abgenommen. „Das wär doch was für dich, Gitti" meinten sie, und ich lehnte noch empört ab. Ich würde das schon auch so schaffen. So einen schweren Eingriff wollte ich auf gar keinen Fall machen lassen. Jetzt, ein halbes Jahr später, sah ich keinen anderen Ausweg mehr. Mir ging es so schlecht, dass ich manchmal dachte, wenn ich jetzt sterbe, dann habe ich's wenigstens hinter mir.

Im Januar 1981 legte ich mich unters Messer. Es war eine schwere Operation, denn zu dieser Zeit wurde noch der ganze Bauch komplett aufgeschnitten. Die Wundheilung tat höllisch weh. Doch der Erfolg gab meiner Entscheidung Recht. In nur wenigen Monaten hatte ich 45 Kilo weniger und blühte förmlich auf. Mit 120 Kilogramm fühlte ich mich wie Twiggy in ihren besten Tagen. Der Zucker war wieder normal, ich hatte kein Wasser mehr in den Beinen und ich war motiviert weiterzumachen.

Ich achtete sehr auf meine Ernährung, ging dreimal in der Woche in ein Fitnessstudio zum Training und hoffte, dass sich die überschüssige Haut wieder zurückbilden würde. Ich bekam eine nie geahnte Kondition, war fit wie ein Sportschuh, aber die Fettschürze am Bauch und die überflüssige Haut wollten partout nicht verschwinden. Ich unternahm wirklich alles und wickelte mich sogar regelmäßig mit einer besonderen Lotion in Plastikfolie ein. Vergebene Liebesmüh. In meiner Not machte ich Termine bei Schönheitschirurgen und fuhr deswegen sogar bis nach München. Der bei Prominenten hoch angesehene Modearzt untersuchte mich und meinte: „Bei Ihnen machen wir eine komplette Runderneuerung." So ganz geheuer war mir dieser Vorschlag nicht, und ich fragte ihn, in welchem Krankenhaus er denn operieren würde. „Hier in der Praxis. Dann gehen Sie ins Hotel und ich besuche Sie dann, um nach Ihnen zu sehen." Das war's für mich und ich legte alle Pläne bezüglich einer Schönheitsoperation vorerst ad acta.

Auch die nächsten Jahre brachten nicht den erhofften Aufschwung für meinen Jazzclub. Es ging weiter bergab. Nachdem ich verzweifelt bei allen Parteien vergebens um Hilfe gefleht hatte, sah ich gegen die ständige Behörden-Willkür nur noch einen letzten Ausweg. Gemeinsam mit anderen Gastronomen, die genauso unter den Magistraten litten, planten wir von Wien bis Tirol eine Demonstration: ein Happening mit einer Straßenblockade. Offensichtlich muss der damalige Wiener Bürgermeister Helmut Zilk davon Wind bekommen haben, denn er besuchte mich im November 1985 im Club. Ob ich denn wisse, was ich da vorhabe, fragte er mich und ich antwortete: „Das weiß ich nicht. Ich hab nix mehr zu verlieren." Helmut Zilk ging durch das Lokal, sah sich alles an, setzte sich zu mir an den Stammtisch und hörte sich meine Geschichte an: „Solche Mädeln wie dich bräuchten wir mehr", donnerte er zum Abschied in seiner typischen Art, zahlte und ging. Zwei Tage später waren alle Genehmigungen erteilt. Sogar Ordnungsgelder im Wert von 120.000 Schilling wurden mir am Schlag erlassen. Meine letzte Hoffnung war jetzt, noch eine Einigung mit der Hausverwaltung über die offenen Mieten zu erreichen. Aber da war es schon zu spät. Zilk hat als einziger verstanden, dass mein Jazzclub nicht irgendein Lokal zum Geldverdienen war, sondern mehr eine soziale Einrichtung. Ich selbst stellte mich sowieso meist ganz hinten an und lebte all die Jahre ausschließlich für meine Gäste.

Doch die Hilfe von der politischen Seite kam einfach zu spät. Als der Gerichtsvollzieher beim nächsten Mal bei der Tür reinkam, ich hatte wie üblich die vereinbarte Ratenzahlung bereitgelegt, sagte er nur: „Frau Butbul, heute kann ich keine Rate mehr akzeptieren. Es ist aus. Ich habe hier die Räumungsklage von Ihrem Vermieter und draußen warten die Möbelwagen mit Arbeitern zum Einpacken. Es tut mir leid.“

Viel später wurde mir berichtet, dass der Pächter eines benachbarten Lokals, der längst ein Auge auf meinen Club geworfen hatte und mich dauernd zum Aufgeben drängte, längst einen Deal mit dem Hausverwalter ausgehandelt hatte. Wieder einmal war ich nichts weiter als ein Spielball. Am 20. Januar 1986 wurde „Gittis Jazz Club“ geschlossen. Meinen Lebensgefährten Walter verabschiedete ich im selben Atemzug gleich mit.

Schon seit Wochen hatte ich mich jeglichen Behördenschreiben, Einschreiben und sonstigen Briefen verweigert und die Umschläge nur noch ungeöffnet auf einen immer größer werdenden Stapel gelegt. Ich wollte der Realität nicht in die Augen sehen. Jetzt holte sie mich unbarmherzig ein. Meine Existenzangst war groß und ich fühlte mich plötzlich nach Israel zurückversetzt und erinnerte mich daran, wie ich damals oft nicht wusste, wovon ich Essen kaufen sollte. Der Fall wurde einem Masseverwalter übergeben und ich kümmerte mich um nichts mehr.

Im dem darauf folgenden Konkurs-Prozess wurde mir sogar fahrlässige Krida unterstellt. Aus Wut heulte ich vor dem Richter: „Wie kommen Sie darauf, dass ich mich bereichert hätte. Ich habe nichts mehr. Nicht einmal eine eigene Wohnung, die ist ja in der Konkursmasse aufgegangen. Es war mir als Geschäftsfrau wichtiger, meine Angestellten zu bezahlen als die Bank. Die brauchten das Geld zum Leben. Die Banken gehen nicht unter, wenn ich meine Rate nicht bezahle, die kleinen Lieferanten schon." Mein Anwalt konnte mich kaum beruhigen, so aufgebracht war ich. Es sollte noch viel Wasser die Donau hinunterfließen, bis der Insolvenzfall „Butbul" abgeschlossen war und ich dieses weitere grauenvolle Kapitel meines Lebens endlich für immer abschließen konnte.

Gleichzeitig fing meine neue Karriere als Sängerin ein wenig zu laufen an: Hin und wieder bekam ich kleinere Auftritte oder wurde von ehemaligen Musiker-Gästen engagiert. So kam zumindest ein wenig Geld herein und ich hatte ein Argument gegenüber meinen Gläubigern. „Lassen S' mich als Sängerin arbeiten", sagte ich an einem weiteren Prozesstag. „Wenn ich als Kellnerin arbeiten gehe, werd ich meine Schulden nie zahlen können, mit einem Hit schon."

Fünf weitere Jahre vergingen, bis aus dem Konkurs ein Ausgleich wurde und ich drei Millionen Schilling an Schulden getilgt hatte. Möglich war dies nur, weil sich jeder einzelne Kollege aus meiner späteren Band, den „Discokillers", bereit erklärte, mir privat Geld zu leihen, und noch dazu unser Produzent, Michael Scheickl, das komplette Produktionshonorar der Plattenfirma obendrauf legte. Er hatte die Schallplattenproduktion bereits privat vorfinanziert, als er das Album an die Plattenfirma verkaufte. Ein hohes Risiko, schließlich wusste keiner, ob wir damit auch Erfolg haben würden. Meine Eigentumswohnung war weg, ich übersiedelte in das gemietete Wochenendhaus in Stetten in Niederösterreich und fing wieder einmal bei null an.

Ich hatte nur ein einziges Ziel vor Augen: das Geschehene möglichst rasch zu vergessen, nach vorne zu blicken und irgendwie eine neue Existenzgrundlage zu schaffen.

ERSTE ERFOLGE

Sommer 1984. Grazer Stadtfest. Dank meiner Bemühungen um den Grand Prix, sprich den Song Contest, wurde ich durch die mediale Aufmerksamkeit für meinen ersten Auftritt als Solo-Künstlerin engagiert. Ein XXL-Traktor fuhr mich vor und vier kräftige Rugby-Spieler hoben mich auf die Bühne. Es hatte eine Affenhitze an diesem Tag. Ich wollte mein Bestes geben und zog für jede Nummer ein neues Outfit an, während meine Tochter Shlomit mir, wie einem Boxkämpfer in seiner Ecke, Luft mit einem Handtuch zufächelte: „Mami, tief ein-at-men!" Die Menge jubelte und an diesem Tag spürte ich genau: Die Menschen mögen mich. Mein Platz im Leben kann nur auf einer Bühne sein.

. . .

Immer wieder wird über den Beginn meiner Gesangskarriere spekuliert, ich hätte damit nur angefangen, um Schulden zu bezahlen. Das stimmt zwar, aber nur zum Teil. Natürlich hatte ich die Hoffnung, mit der Singerei aus der Insolvenz zu kommen, doch meine Liebe zur Bühne und vor allem meine bis heute unbändige Lust, ein Publikum zu unterhalten, entdeckte ich viel früher.

Angestachelt durch die ersten Bühnenerfahrungen mit „Drahdiwaberl" wurden mir die Jazz-Standards eines Tages zu eintönig. Ich begann nach geeigneten Liedern zu suchen: Lustige Lieder und Chansons von Marilyn Monroe, Trude Herr oder Helen Vita, ein bisserl Blues und Swing – Musik, die mir gefiel und mit der ich unterhalten konnte. Ich studierte die Songs ein und probierte sie im Club vor Publikum aus. Ich kam bei den Leuten an.

Im Frühjahr 1984 betrat ein mir bekannter Musiker den Club in der Seilerstätte und gab penetrant damit an, zum Song Contest zu fahren. Ich hatte nicht einmal eine Ahnung davon, was der „Grand Prix Eurovision de la Chanson", heute Eurovision Song Contest, überhaupt war, geschweige denn bedeutete. Was der kann, kann ich schon lang, dachte ich und beschloss, ebenfalls zum Song Contest zu fahren in der Hoffnung, damit mein Lokal retten zu können. Nach Geschäftsschluss setzte ich mich hin, nahm meinen Abrechnungsblock und fing an, einen Text zu schreiben: „Hey du, schau mich an, Hey du, geh doch ran ..." Ich ließ den Text abtippen und verteilte die Zettel an verschiedene Musiker, unter anderem auch an Thomas Rabitsch, den musikalischen Leiter der „Drahdiwaberl": „Thomas, ich will zum Song Contest: Kannst' ma bitte zu dem Text a Lied schreib'n?" – „Jaja, Gitti, fahr nur zum Song Contest", sagte Thomas und steckte meinen Zettel ein. Wie es der Zufall wollte, waren die „Drahdiwaberl" gerade im Studio und hatten noch bezahlte Zeit übrig. Sie komponierten einen Song und brachten mir eine Kassette in den Club. Am nächsten Tag fuhr ich gleich ins Studio und sang das Lied ein. Thomas Rabitsch schickte das Demo-Band an den ORF. Aber nicht als Jazz Gitti, sondern unter meinem Geburtsnamen Martha Butbul.

Die zuständigen Musik-Redakteure im ORF erkannten meine Stimme natürlich sofort, denn sie waren oft genug Gäste bei mir und kannten meine Gesangseinlagen. Der Song wurde ausgewählt und ich durfte in der Sendung für die Vorausscheidung „Aus 12 mach 1" auftreten. Als meine Teilnahme an der Sendung öffentlich wurde und die Presse davon Wind bekam, fing ein richtiger Hype um meine Person an. Die Journalisten rissen sich um mich, weil ich immer für eine Schlagzeile gut war. Frei nach dem Motto: Beim Song Contest haben wir sowieso keine Chance, aber mit der Gitti ist es wenigstens lustig. Die Publikumswahl bei der Vorausscheidung war eher bescheiden. „Dritte von hinten" kommentierte ich das Voting über meinen neunten Platz. Und die mediale Aufmerksamkeit war damit auch gleich wieder vorbei.

Einige Wochen später kam jedoch eine Anfrage der „Kronen Zeitung Steiermark" für das Stadtfest in Graz. Mein Repertoire umfasste genau sechs Lieder und damit ging sich die halbe Stunde, die ich singen sollte, knapp aus. Die Gage war für meine Verhältnisse mit 45.000 Schilling gigantisch. Fair teilte ich eins zu eins mit den Musikern. Ein Journalist der „Krone" hatte mich im Fernsehen gesehen, fand es lustig und engagierte mich für die „Krone"-Bühne. Außerdem gefiel ihm mein Bühnenkostüm: Ganz dem modischen Zeitgeist entsprechend hatte ich mir von einer günstigen Schneiderin ein Abendkleid aus einem silbrig-glänzenden Stoff nähen lassen und mir damit den Spitznamen „Die Dicke in der Alufolie" eingehandelt.

Nach einer meiner Gesangseinlagen im Jazzclub wurde ich sogar nach Deutschland engagiert. Ein Österreicher, der in Bonn eine Diskothek betrieb, wollte für die österreichische Gemeinde ein Konzert veranstalten. Und das mit mir! Ich stellte ein Jazz-Quartett zusammen und wir fuhren nach Deutschland. Wir spielten eine bunte Mischung aus Jazz und meinen neu einstudierten Unterhaltungsliedern und zogen eine extravagante Show ab. Nach dem Auftritt stand ich noch mit dem Saxophonisten Othmar Klein zusammen und wir genehmigten uns einen Abschluss-Drink. „Die bechern ganz schön, die killen die Disco", sagte er mit Blick auf seine Kollegen und ich nahm sein Wortspiel auf: „Von hier bis Frisco, no more Disco, Jazz Gitti and her Discokillers." In dieser morgendlichen, feuchtfröhlichen Stunde entstand der Name meiner künftigen Band. Auf der Heimfahrt von Bonn dachte ich lang über mich und mein Leben nach und spürte in dieser Nacht schon sehr deutlich in mir: Meine berufliche Zukunft kann nur auf der Bühne sein. Unbewusst traf ich eine Entscheidung, die mein Leben völlig verändern sollte. Denn bis dahin war ich überzeugt gewesen, dass ich eines Tages auch hinter einem Tresen sterben würde.

Es war an der Zeit, Nägel mit Köpfen zu machen: Rainer Sokal, einer meiner jungen Club-Gäste vom Konservatorium, kam ins Lokal, um einen Auftritt mit seinem Quartett zu besprechen. Wir redeten über sein geplantes Konzert, dann erzählte ich meine Idee von einem Bühnenprogramm mit lustigen Liedern und Sketches, also einem richtigen Showprogramm: „Ich brauch dringend einen Korrepetitor", lud ich ihn ein, mit mir zu proben. „Das klingt interessant, Komödiantisches in Verbindung mit Musik gefällt mir", sagte Rainer Sokal sofort zu. Ich hatte meinen ersten „Discokiller" gefunden.

Mit dem Citroën 2CV von Rainer fuhren wir nach München und Stuttgart jeweils zu einem Konzert. Wie die alte Ente mein Gewicht und auch noch die Verstärkeranlage überlebte, gehört wohl zu den ungelösten Rätseln der Geschichte. Wir spielten gemeinsam mit deutschen Musikern in Jazzclubs und ich konnte schon die eine oder andere Nummer aus unserem neuen Programm ausprobieren. Auf der Heimfahrt erklärte mir Rainer Sokal: „Für diese Show brauchen wir mehr Musiker, und ich habe auch schon eine Idee, wer das sein könnte." Studienkollegen vom Konservatorium waren schnell zu begeistern – so formierten wir unsere erste Band: Thomas Zech an der Gitarre, Robert Pistracher am Bass, Peter Barborik am Schlagzeug und ein Import aus Ostfriesland, den ich im Club an der Bar kennengelernt hatte, Reinhold Westphal, am Saxophon. Die „Discokillers" waren komplett.

Wir probten noch zwei Wochen gemeinsam und dann setzte ich einen Termin für die Premiere im Jazzclub fest. Wir alle wollten, natürlich ich besonders, Geld verdienen. Deswegen luden wir nur wenige unserer Freunde, dafür vor allem Konzertveranstalter und Vertreter von Booking-Agenturen zu diesem Abend ein. Mein Bühnenkostüm sorgte besonders für Furore. Ich entschied mich für ein Korsett mit einem rosa Tütü und gab auf der Bühne alles. Ich rockte die Hütte! Der Abend war ein unglaubli-

n Passfoto von mir aus Israel

Jazz-Freddy: Meine Freundin Minona

.ub in der Seilerstätte: Faschingskonzert mit einem Quartett

Einer meiner ersten Auftritte mit den „Drahdiwaberl"

„Musikantenstadl": Wieder mal eine Einladung mit einem neuen Song

Donauinselfest: Mein erster Auftritt vor so vielen Menschen

Erste Goldene Schallplatte: Produzent Franz Wallner als Nikolo (re.) und ich inmitten der „Discokillers"

Foto-Ausstellung: Mein Haus-und-Hof-Fotograf Günther Schatzer stellt seine Bilder aus

cher Erfolg und das Publikum kam aus dem Lachen gar nicht mehr heraus.

Unser Plan ging auf: Schon bald nach dem ersten offiziellen Auftritt von „Jazz Gitti & her Discokillers" läutete das Telefon und ein Diskothekenbesitzer aus Innsbruck buchte uns für einen Abend. Wir mieteten einen klapprigen, alten VW-Bus für unser Equipment und machten uns auf den Weg nach Tirol. Vorher hatten wir ausgerechnet, dass, nach Abzug aller Kosten, für jeden gerade mal 150 Schilling übrig blieben. Egal, es war der erste Auftritt außerhalb Wiens und wer wusste schon, was so ein Konzert für die Zukunft noch bringen würde.

Unser Konzert in Innsbruck schlug ein wie eine Bombe. Um Geld zu sparen, übernachteten wir im Haus des Diskothekenbesitzers. Weil es ihm so gut gefiel und er auch mit seinem Umsatz sehr zufrieden war, lud er uns beim Frühstück am nächsten Tag ein, am selben Abend noch einmal zu spielen. Wir handelten die gleiche Gage ein zweites Mal aus und damit war die Tour nach Tirol schon ein finanzieller Erfolg.

Das zweite Konzert übertraf den ersten Abend bei weitem, der Laden war richtig am Kochen. Nach der letzten Zugabe brüllte ich noch ins Mikrofon: „Mädels, die ‚Diskokillers' sind geil!" Was von mir eigentlich als Kompliment gedacht war, verstanden einige der weiblichen Gäste anscheinend als Aufforderung. Von meinen fünf Buben übernachteten drei nicht im Haus des Wirtes, und zwei mussten in den nächsten Wochen dank ihrer Zufallsbekanntschaften in der Apotheke ein Mittel gegen Ungeziefer kaufen.

Mein Jazzclub war in der Abwärtsspirale gefangen, ich war pleite und mein Lokal wurde geschlossen. Sogar Gefängnis drohte, weil ich eine Verwaltungsstrafe über 38.000 Schilling nicht bezahlen konnte. Ich hatte alles versucht, doch das Geld reichte hinten und vorne nicht aus. Da stand plötzlich ein rettender

Engel vor meiner Tür: Michael Satke, der Eigentümer des legendären „Roten Engels" (ein bekanntes Wiener Lokal im Bermuda-Dreieck mit Live-Musik): „Ich bezahle jetzt deine Strafe und in einem Jahr sehen wir weiter." Das Jahr verging und ich konnte das Geld nicht zurückzahlen. Satke nahm es gelassen und machte mir einen einmaligen Vorschlag: „Ab sofort spielst du jeden zweiten Montag im ‚Engel' und die Gage ziehen wir von deinen Schulden ab." Ich überlegte keine Sekunde und sagte zu.

Mit drei von meinen „Discokillers" spielte ich schon eine Woche später den ersten Gig. Viele Jahre danach erfuhr ich, dass sich der Wiener Bürgermeister Helmut Zilk für mich verwendet hatte. Michael Satke bin ich heute noch sehr dankbar. Ohne ihn und seine Hilfe hätte ich meinen Weg auf die Bühne nicht gefunden. Es war ein gutes Geschäft für uns beide. Jeden Montag war der „Rote Engel" zum Bersten voll. Später, als die Schulden längst getilgt waren, trat ich auch weiterhin mit den „Discokillers" im „Engel" auf, und es wurden über die Jahre 97 Konzerte. Ich erinnere mich noch genau, wie ich beim letzten Konzert von Michael Satke einen Strauß mit 97 Rosen überreicht bekam und dass Tini Kainrath von den „Rounder Girls" jeden zweiten Montag in der ersten Reihe stand.

Langsam sprach sich herum, dass wir eine Showband mit einem tollen Programm und viel Erfolg beim Publikum sind, und das so genannte Live-Geschäft nahm zu. An ein wichtiges Konzert in Laxenburg erinnere ich mich ebenfalls. Wir wurden zwar als Ersatz für eine andere Band gebucht, aber mit einer ordentlichen Gage: Ich schmiss mich in mein Marilyn-Monroe-Kostüm mit blonder Perücke, Federboa und Ukulele und muss so was von lustig gewesen sein, dass uns der Chef des Reiseveranstalters, der das Laxenburger Konzert organisiert hatte, auch noch in eins seiner Hotels nach Kalabrien in Italien einlud. Wir hatten einen bezahlten Urlaub! Die Chef-Animateurin dieses Hotels wurde ein Jahrzehnt später die Repräsentantin des

Österreich-Tourismus in Australien und ermöglichte uns einen Auftritt in Down Under.

Das Leben hatte mir eine neue Aufgabe gestellt und ich nahm diese Herausforderung dankend an. Ich war so begeistert von unseren ersten Erfolgen, dass es mir meisterhaft gelang, die Probleme meiner Insolvenz mit einer perfektionierten Vogel-Strauß-Mentalität zu verdrängen. Noch Jahre später fand ich in meiner Wohnung gut versteckte Mahnbriefe, behördliche Einschreiben und dergleichen. Mit großer Lust entsorgte ich jedes Mal so ein Fundstück in der Rundablage!

Dabei war die ganze Angelegenheit längst nicht ausgestanden. Da die Presse immer wieder über mich berichtete, hefteten sich meine Gläubiger an meine Fersen und schickten den Gerichtsvollzieher auch zu Konzerten. Taschenpfändung! Wir spielten wieder einmal im „Roten Engel", da ging die Tür auf und ich sah ein mir mittlerweile sehr vertrautes Gesicht. „Verdammt, ich habe die Gage vom Wochenende in meiner Tasche, damit ich sie mit den Kollegen später teilen kann", durchfuhr es mich. Noch während ich mein Lied sang, flüsterte ich einem Bandkollegen zu: „Nimm aus meiner Tasche das ganze Geld bis auf 100 Schilling raus. Aber so, dass es keiner merkt!" Der Kollege verstand in der Sekunde, gab eine tänzerische Einlage auf der kleinen Bühne, um zu meiner Handtasche zu gelangen, und im Handumdrehen war das Problem beseitigt. Wie erwartet, stand nach dem Konzert der Gerichtsvollzieher vor mir und schritt zur Amtshandlung: „Die 100 Schilling können S' gerne haben", sagte ich freundlich. „Ich hab dann aber keinen einzigen Groschen mehr." Den Hunderter durfte ich freilich behalten. Nie hatte ich auch nur den Gedanken, meinen finanziellen Verpflichtungen nicht nachzukommen, aber es gehörte ja nur ein kleiner Teil des Geldes mir. Der Gerichtsvollzieher hätte mir das bestimmt nicht abgenommen und die Gagen meiner Musiker gleich mit kassiert.

Meine Kollegen mussten ja schließlich auch Miete bezahlen. Meine kompletten Schulden habe ich im Laufe der Jahre auf Heller und Pfennig zurückbezahlt.

Um noch mehr Auftritte an Land zu ziehen, entwickelte ich eine ganz eigene Art von Guerilla-Marketing. Ich suchte mir aus den Veranstaltungskalendern die Termine von Konzerten in den verschiedenen Wiener Clubs, ging an den entsprechenden Tagen hin und ließ mich für eine, maximal zwei Nummern zum Einsteigen einladen. In der Regel gefiel das dem Publikum sehr gut und die Wirte bedrängten mich, noch eine Nummer zu singen. „Ich habe eine eigene Band und man kann uns jederzeit engagieren", lautete meine Antwort dann, und natürlich hatte ich auch schon eine Visitenkarte in der Hand. Zu meiner großen Überraschung funktionierte diese Strategie ganz gut.

DURCHBRUCH

Sommer 1989. Palais Ferstel in Wien. Wir spielten vor einer Runde knochentrockener Manager aus Deutschland. Die Herren in grauen Anzügen wollten partout nicht in Stimmung kommen. Also stimmte ich einen Song an und forderte auf, den Refrain mitzusingen: „So You Met Someone Who Set You Back On Your Heels, Goody Goody!" Keine Reaktion. „Der Swing liegt in meinem Popscherl", versuchte ich es erneut und ließ meine Hüften kreisen. „Wenn der Refrain kommt und mein Hintern wackelt, dann alle mitsingen!" Ich stimmte wieder an, und siehe da, als ich mit meinem Po wackelte, kam ein zwar verhaltenes, aber immerhin vernehmbares deutsches „Gooty, Gooty". Ich reagierte prompt: „Es funktioniert doch, ihr braucht nur einen Führer!" Zehn Sekunden Stille können eine Ewigkeit sein.

· · ·

Je mehr Auftritte wir hatten, umso besser wurde unsere Show. Es war mir ein Anliegen, dass wir in der Band alle wichtigen Entscheidungen gemeinsam trafen oder zumindest in der Runde diskutierten. Inzwischen wurden wir als Showband regelmäßig gebucht und professionalisierten uns. Eine eigene Anlage wurde angeschafft, später kam auch ein eigener knallroter Tour-Bus hinzu. Der Grundstein war gelegt, das Schicksal meinte es jetzt gut mit uns.

Die „Discokillers" veränderten sich: Robert Pistracher wechselte als Bassist in die Band von Falco, Peter Barborik wollte nicht weitermachen, und auch Reinhold Westphal suchte sich neue Aufgaben. Meine Tochter Shlomit empfahl uns den Bassisten Thomas Strobl, und nach verschiedenen Aushilfen am Schlagzeug stieß Wolfgang Wehner zu uns. Thomas Strobl war es übrigens, der meiner Tochter zu einer Gesangsausbildung am Wiener Konservatorium riet. Beim Vorsingen beherrschte sie, ganz wie die Mama jahrelang, nur ein Lied, nämlich „Im Prater blüh'n wieder die Bäume". Das hatte sie von mir gelernt, als ich es für meine Auftritte mit „Drahdiwaberl" einübte. Sie bestand die Aufnahmeprüfung im ersten Anlauf!

Im Sommer 1988 hatten wir einen Auftritt in einer bekannten Segelschule an der Alten Donau. Der ORF zeichnete meine Marilyn-Monroe-Parodie auf und wir bekamen einen schönen Beitrag in den „Seitenblicken". In dieser Sendung entdeckte uns der damalige ORF-Unterhaltungschef, Harald Windisch, und engagierte uns für eine musikalische Unterhaltungssendung. Alle erklärten sich sofort bereit mitzumachen. Ein Drehtermin in einem Lokal an der Copa Cagrana auf der Wiener Donauinsel wurde vereinbart. Es kam der Drehtag. Es fand noch dazu ein Praterfest statt und wir waren zu Mittag für einen Auftritt gebucht. Trotz Sommer goss es wie aus Kübeln und der Dreh, wie auch das Konzert, wurden auf den nächsten Tag verschoben. Danke liebes ORF-Team, dass ihr damals auf eure zweite Gage verzichtet habt und damit die Wiederholung des abgebrochenen Drehs überhaupt möglich war! An diesem Tag hatten wir zwar auch einen Auftritt am Abend in Ernstbrunn bei Wien, aber auf diese einmalige ORF-Chance wollte keiner, und ich schon gar nicht, verzichten. Es sollte ein denkwürdiger Tag in meiner künstlerischen Laufbahn sein. Es war der einzige Tag in 30 Jahren Bühne, an dem ich drei Konzerte hintereinander sang: erst beim Praterfest, dann auf der Copa Cagrana und schließlich noch in Ernstbrunn. Hinter der Bühne wartete mit laufendem Motor ein Wagen der Freiwilligen Feuerwehr, um uns auf schnellstem Weg zum nächsten Konzert zu bringen. Bei der Ausstrahlung im ORF wurde Karl Moik auf uns aufmerksam, und bald schon sollten wir den ersten Auftritt im „Musikantenstadl" haben.

Als Band waren wir jetzt gut im Geschäft. Wir hatten eine erste Managerin, die sich um unsere Auftritte kümmerte. Was uns fehlte, waren ein richtiger Hit, ein Produzent und natürlich ein Schallplattenvertrag. Eines Tages fiel der Tontechniker kurz vor einem Konzert aus. Thomas Strobl rief einen Freund an, den Produzenten Michael Scheickl, der damals mit Lizzy Engstler verheiratet war. Dieser machte aus seiner Abneigung gegen meine Person keinen Hehl, half aber trotzdem aus. Nach diesem Konzert entschuldigte er sich, kniete vor mir nieder und küsste meine Hände: „Gitti, du bist a Wahnsinn auf der Bühne!" Michael Scheickl wurde unser erster und langjähriger Platten-Produzent.

Dank unserer neuen Managerin spielten wir jetzt regelmäßig Konzerte in Musik-Beisln, auf kleineren Festivals und in Jugendclubs. Eines Tages erreichte mich der Anruf eines Herrn, der sich als „Waldviertler Kernderl" bezeichnete. Ein Festzelt-Veranstalter und selbst ernannter Humorist, der uns zu einem Bierfest irgendwo im Nowhereland in Niederösterreich einladen wollte. „Gitti, ihr müsst unbedingt bei uns spielen", versuchte er mich zu überreden. Ich musste während dieses Telefonats schon wegen des komischen Namens die ganze Zeit lachen. „Wir spielen aber keine Bierzelt-Musik", warf ich ein, „sondern ein Programm aus Blues, Swing und Schlagern." Er bestand weiterhin auf seinem Angebot und ich sagte schließlich zu.

Sehr zu unserer Überraschung war das Zelt gut besucht und es herrschte sogar „konzertante Stille" – bis auf zwei ewig krakeelende Nörgler an der Bar. Irgendwann wurde es mir zu bunt und ich rief die Stänkerer von der Bühne aus über das Mikrofon zur Ordnung. Tosender Applaus aus dem Publikum. Ich hatte gewonnen. „So schlecht ist es auch nicht, in einem Bierzelt aufzutreten", stellten wir nach dem erfolgreichen Konzert unisono fest. „Also auch in Zukunft Bierzelte?" – Ja, entschieden wir gemeinsam. Ich hatte noch keine Ahnung, wie oft ich durch meterlange Pfützen waten oder getragen werden würde und mich den Liebesbezeugungen leicht alkoholisierter männlicher Fans erwehren würde müssen. Trotzdem spielten wir weiter auch in Zelten, weil es eigentlich doch immer recht lustig war.

Robert Pistracher hatte vor seinem Ausscheiden noch das Lied „Tramway foarn" geschrieben. Auch Thomas Strobl komponierte einen Song für mich. Auf die Melodie von Dions „The Wanderer" textete er „A anderer", weil ich nach der Trennung von meinem langjährigen Lebensgefährten immer noch so eine Wut im Bauch hatte. „Du musst deinen Frust raussingen", sagte der Herr Hobby-Psychologe Strobl. Dabei war ich nur wütend auf mich selbst, weil ich diese Beziehung nicht bereits Jahre zuvor beendet hatte. Er sollte Recht behalten. Das Lied kam bei den Konzerten gut an und jedes Mal war ich nach dem Song etwas weniger wütend auf mich. Bis es eines Tages ganz vorbei war.

Die neuen Lieder probierten wir bei unseren Live-Auftritten aus und meist kamen sie mehr oder weniger gut an. Es ist für die Dramaturgie einer Bühnenshow nicht so einfach, wenn zwischen lauter bekannten Hits plötzlich die eigenen, für den Zuseher völlig unbekannten Lieder angespielt werden. Nicht zu vergessen: Wir waren ja bis dato überhaupt nicht für eigene Songs bekannt. Aber es war für mich viel interessanter, eigene Stücke zu singen, statt immer nur fremde nachzuahmen.

Thomas Strobl war es auch, der erkannte, dass ich über Themen aus meinem Leben singen sollte. „Dann bist du authentisch und glaubwürdig", stellte er fest. Wenn ich Geschichten aus meinem Leben erzählte, machte er sich häufig Notizen. So entstanden Songs wie „A Wunda", weil meine Mutter eigentlich kein Kind mehr hätte bekommen können, oder „Kränk di net", weil in meinem Leben so gut wie nie etwas nach Plan verlief. Dass die „Discokillers" mit diesen neuen Songs im Hintergrund „heimlich" an einer Platte arbeiteten, bekam ich überhaupt nicht mit. Und mitgeteilt hat es mir auch keiner.

Während wir ein Lied nach dem anderen aufnahmen, lief unser Produzent ohne mein Wissen von Plattenfirma zu Plattenfirma und versuchte, unsere LP an den Mann zu bringen. Ohne Erfolg. Keines der großen Labels wollte uns unter Vertrag nehmen. Daher entschieden die „Discokillers", eine Single vom Song „A anderer" auf eigene Kosten zu produzieren und die Radiostationen, in einer Zeit vor privatem Rundfunk also den ORF, damit zu bemustern. Ich machte mir damals nicht viel Gedanken über Platten und sang das Lied im Studio einfach ein. Live-Auftritte waren für mich viel wichtiger. Viel Erfolg hatten wir nicht, eigentlich wurden wir so gut wie gar nicht im Radio gespielt.

Schließlich war das ganze Album fertig, aber es fehlte immer noch eine Vertriebsfirma. Jetzt erst wurde ich langsam eingeweiht! Michael Scheickl vereinbarte einen weiteren Termin bei einem heimischen Label, nämlich bei Franz Wallner, von der „Musica". „Was! Die Frau hat keinen Vertrag? Ich finde sie fantastisch, die muss man produzieren", war seine Reaktion auf das Angebot. Man einigte sich auf eine Summe für die so genannte Bandablöse und die Platte ging in Produktion. „A Wunda" war dann die erste Single-Auskoppelung.

Karl Moik hatte sein Verspechen gehalten und uns in den „Musikantenstadl" eingeladen. So ganz reibungslos verlief unser erster Auftritt dort allerdings nicht. Der allmächtige Herrscher Moik war gerade am Zenit seiner Popularität, verlangte ein Kostüm, das mir überhaupt nicht gefiel, und ich setzte mich zur Wehr. Karl Moik darauf: „Das ist meine Sendung und hier bestimme ich." – „Das sind aber meine drei Minuten in deiner Sendung und über die bestimmte ich", feixte ich zurück. Moiks Entourage versuchte zu beruhigen, und auch meine „Discokillers" nahmen mich zur Seite. Karl Moik sollte Recht behalten: Mein erst verschmähtes Kostüm war ein Hammer, kam extrem gut an und hat heut längst Kult-Charakter. Die Parade-Sendung des ORF hatte in dieser Zeit Quoten mit bis zu drei Millionen Zusehern. Das war unsere „Große Chance" im besten Wortsinn! Nach meinem holprigen Start mit Karl Moik war ich noch etliche Male im „Musikantenstadl" zu Gast, wir nahmen an zwei „Stadl"-Kreuzfahrten teil, und auch bei seiner Abschiedssendung wurde ich von ihm nach Klagenfurt eingeladen. Ein besonderer „Silvesterstadl" in Linz ist mir noch in Erinnerung geblieben: Nach dem Mitternachtsgeläut und dem Donauwalzer sangen wir das erste Lied im neuen Jahr: „Hoppala". Ich schaffte es in dem allgemeinen Wahnsinn des Zuprostens in der letzten Sekunde zu meinem Platz vor der Kamera. Die Musik setzte ein, die Kamera schwenkte von mir auf den Schlagzeuger ... und filmte einen leeren Platz. Unserer Schlagzeuger saß auf der anderen Seite des Saals ganz allein im Bühnenaufbau einer anderen Band – und hämmerte verzweifelt auf das fremde Schlagzeug ein. Er hatte sich im allgemeinen Chaos nach Mitternacht in die falsche Dekoration gesetzt und es, wahrscheinlich wegen zu vieler Neujahrsschnäpse, nicht einmal mitbekommen. Unser erster Auftritt im Musikantenstadl war ein wichtiger Schritt zu unserem Durchbruch, denn nach dieser Sendung ging es ab wie eine Rakete. Wir wurden populär.

Eine zweite ORF-Sendung katapultierte uns endgültig an die Spitze der Charts. Im „Wurlitzer" wurden Zuseherwünsche erfüllt und auch Prominente als Co-Moderatoren eingeladen. Unsere Plattenfirma entschied sich, eigentlich gegen unseren Willen, mit dem Lied „Kränk di net" ein Video drehen zu lassen, und stellte entsprechende Mittel zur Verfügung. Übrigens ein schönes Beispiel für die Unberechenbarkeit des Musikgeschäfts. Wir hatten diesen Song bei unseren Live-Auftritten längst gestrichen, weil er beim Publikum nur mäßig ankam. Das sagten wir auch dem Plattenboss, der aber auf seiner Entscheidung beharrte. Dank der guten Kontakte des Schallplattenvertriebes wurde ich in die Sendung „Wurlitzer" eingeladen, um meine neue Single zu präsentieren, und es passierte schier Unglaubliches: „Kränk di net" wurde nach dem „Zillertaler Hochzeitsmarsch" zum meistgespielten Song in der Geschichte dieser Sendung.

Wir hatten es geschafft. Wir waren wochenlang Nummer Eins in den Charts.

Dass gerade dieser Song unser absoluter Durchbruch werden sollte, führte bei unseren Konzerten zu regelrechten Krisensituationen. Wir hatten die Nummer kaum live gespielt und an den Text konnte ich mich nur bruchstückhaft erinnern. Ich traute meinen Augen und Ohren nicht, als ich bei einem Auftritt einige Wochen später die Bühne betrat und einer johlenden Menge gegenüberstand, die nicht nur Schilder mit „Kränk di net" in die Höhe hielt, sondern auch den Refrain lauthals skandierte. Den Text lernte ich sehr schnell wieder und auch heute kann ich kein Konzert beenden, ohne diesen, meinen, Song nicht mindestens einmal zu singen.

Auch privat sollte ich bald wieder glücklich werden: Dank der Hilfe meiner Freunde aus der Band und dem Erfolg unseres Albums konnte ich meine finanziellen Angelegenheiten endgültig regeln. Ich leistete mir nach Jahren wieder einen Urlaub und fuhr nach Gran Canaria. Ich verbrachte eine traumhafte Woche. In einem Schuhgeschäft kaufte ich für die Kinder meines Ziehsohns Bernd aus Café-Zuckerl-Zeiten jeweils ein Paar Schuhe. Erst in Wien, bei der Übergabe des Geschenks, bemerkte ich, dass in einem der Kartons zwei nicht zusammenpassende Schuhe verpackt waren. Kann man nix machen, dachte ich. Der Sommer verging und ich entschied mich spontan, mir im Herbst noch eine Woche Gran Canaria zu gönnen. Ich nahm die falschen Schuhe mit, um sie umzutauschen.

Als ich das Schuhgeschäft betrat, wurde ich von einem großen, sympathischen Bären mit guten Deutschkenntnissen bedient. Er stellte sich als Abdu vor und war ein rassiger, spanischer Berber. Der Umtausch war kein Problem und wir begannen zu plaudern. Ob ich denn am Abend schon etwas vorhätte, fragte Abdu, und lud mich zum Spazierengehen ein. Ich nahm die Einladung gern an, weil ich sowieso allein unterwegs war. Es war ein romantischer Abend und ich spürte schon ein gewisses Kribbeln im Bauch. Am nächsten Tag, als ich zum Frühstück ging, wurde ich vom Rezeptionisten aufgehalten. Ein Blumenstrauß mit einer handschriftlichen Einladung zum Abendessen wartete auf mich. Später am Abend, ich klopfte an Abdus Wohnungstür, öffnete er mir mit einem strahlenden Lächeln. „Ich wusste, dass du kommst, Gordita." Ein liebevoller Ausdruck im Spanischen für Pummelchen. An diesem Abend verliebte ich mich so richtig in diesen Mann. Ich wollte mit ihm zusammensein und wir schmiedeten Pläne für die Zukunft: „Ich werde zu dir nach Wien ziehen", flüsterte er mir beim Abschied am Flughafen in Gran Canaria liebevoll ins Ohr. „Ich werde immer bei dir sein!" So kam es dann auch und wir wurden für acht Jahre ein zumindest in den ersten Jahren sehr glückliches Paar.

WORLD MUSIC AWARD

Frühjahr 1991. Verleihung des World Music Award im Sporting Club, Monte Carlo. Ich entdeckte Ursula Andress in einem atemberaubenden Haute-Couture-Kleid ganz allein neben der Bühne. Ich konnte nicht anders und musste sie an mich drücken: „Dass ich das erleben darf, Sie sind das Schönheitsideal meiner Jugend!" – „Oh, danke", wich sie einen großen Schritt zurück und blickte mich wie ein begossener Pudel an. Mein patriotisches Outfit aus weißen Strümpfen, rotem, abstehendem Tütü und einer roten Korsage mit weißen Ärmeln muss die Ärmste sehr verstört haben.

· · ·

Über Nacht wurden wir zu Stars! Natürlich hatte ich, hatten wir alle in der Band, auf Erfolg gehofft. Doch der Wahnsinn, der Hype, der über uns hereinbrach, übertraf alle unsere Erwartungen: Von heute auf morgen traten wir in den größten Hallen des Landes auf, spielten in Zelten vor 5000 Menschen und konnten uns vor Einladungen ins Fernsehen kaum retten. Die Journalisten rannten mir die Tür ein und es gab kaum ein Thema, zu dem ich nicht meine Meinung abgeben sollte.

Es war ein komisches Gefühl, als ich das erste Mal eines meiner Lieder im Radio hörte. Irgendwie befremdlich. Aber es vermittelte mir auch ein ganz eigenes Glücksgefühl und erfüllte mich mit Stolz. Es war auch etwas Neues, plötzlich von wildfremden Menschen beim Einkaufen oder auf der Straße angesprochen zu werden. „Entschuldigen Sie, sind Sie es wirklich?", wurde ich meist sehr höflich gefragt. „Ja, ich bin's", gab ich auch immer höflich zurück. Bis heute nehme ich mir gerne Zeit, wenn meine Fans mich außerhalb eines Konzertes treffen und um ein Autogramm oder ein gemeinsames Foto bitten. Es sind schließlich allein nur meine Fans, die mir zum Erfolg verholfen haben, und da nehme ich gern jede Gelegenheit wahr, mich dafür auch persönlich zu bedanken.

Wir spielten jetzt nicht mehr ausschließlich Covers, also Hits von anderen Künstlern, sondern hatten unseren eigenen Weg gefunden: mit einem unverkennbaren musikalischen Stil in unseren Liedern. Auch das Publikum hatte sich verändert. Während wir in unserer Anfangszeit noch viel in der alternativen Szene auftraten, hatten wir zwar jetzt den Stempel „kommerziell", wurden dafür aber für große Veranstaltungshallen und renommierte Festivals gebucht. Und was noch viel schöner war: Wir hatten echte Fans, die uns liebten, von Konzert zu Konzert reisten und uns anfeuerten. Nach den privaten und beruflichen Niederlagen der vergangenen Jahre wollte ich nur eins: gemeinsam mit den „Discokillers" möglichst viele Konzerte spielen und Spaß haben.

Anfang Dezember 1990 war ich nachmittags zu einer kleinen Weihnachtsfeier in die Plattenfirma eingeladen. Ich kam zu spät, weil mein alter Ford Escort auf der Hinfahrt den Geist aufgegeben hatte. Meine „Buben" waren deswegen ein wenig genervt und ertränkten ihren Ärger in Glühwein. Als ich endlich da war, ging plötzlich die Tür auf und der Chef der Plattenfirma, Franz Wallner, betrat als Nikolaus verkleidet den Raum: „Ho ho, ich bin der Nikolaus und habe viele Geschenke für euch", begann er, an jeden von uns Päckchen zu verteilen: „Gitti, da hab ich einen Schoko-Nikolo für dich." „Ich hab Diabetes, ich darf keine Schokolade essen", maulte ich und fand diese Vorstellung total albern. „Was habe ich denn da noch in meinem Sack", bohrte er weiter. „Das will ich gar nicht wissen", wurde es mir langsam zu blöd. „Schau Gitti, da habe ich noch eine Goldene Schallpatte für dich! Von wem wird die wohl sein?"

Ich traute meinen Augen nicht, als mir Franz Wallner meine

erste Goldene in die Hand drückte und dabei wegen meines verdutzten Gesichtes schmunzeln musste. Die „Discokillers" brachen in schallendes Gelächter aus. Sie waren seit Wochen eingeweiht und hatten mich die ganze Zeit zum Narren gehalten. Fast verlegen hielt ich den Rahmen in Händen und bekam noch ein weiteres Geschenk vom Produzenten-Nikolo überreicht: eine goldenen Kette mit einem Anhänger in Form meines Namens. Diese Kette halte ich bis heute in Ehren. Ich glaube, das war einer der wenigen Momente in meinem Leben, in denen mir kein einziges Wort mehr einfiel. „Schmähstad" – wie es auf Wienerisch so schön heißt.

Normalerweise feiern Schallplattenfirmen Auszeichnungen mit großem Pomp, öffentlichem Aufsehen und natürlich vor versammelter Presse. Bei uns fand das Ganze unter Ausschluss der Öffentlichkeit statt. Die Verhandlungen über meine Insolvenz waren Ende des Jahres 1990 in der Endphase angekommen, und mein Anwalt riet, ohne mir ein Wort davon zu sagen, der Plattenfirma dringend, mit der Bekanntgabe des Verkaufserfolgs zumindest noch bis zum Jahreswechsel zu warten. Mit einer großen Pressekonferenz zur Verleihung der Goldenen Schallplatte wären meine Chancen, den bereits verhandelten Ausgleich auch unterschrieben zu bekommen, gleich null gewesen. Offensichtlich hatte man mir zu meiner eigenen „Sicherheit" nichts gesagt, entsprechend baff war ich. Ich muss ehrlich zugeben, die ersten Monate unseres großen Erfolgs erlebte ich wie im Rausch. Was da losgetreten wurde, überrollte mich, und ich ließ mich vom Sog mitreißen. Viel Zeit zum Nachdenken hatte ich sowieso nicht. Wozu auch? Ich war glücklich und zufrieden.

Ein neues Jahr zog ins Land und ich trat in Salzburg auf. Nach dem Konzert kam ein fescher Herr, Typ internationaler Manager, zu mir und stellte sich vor: „Frau Butbul, ich bin der Marketingleiter eines internationalen Lebensmittelkonzerns und hatte bei Ihrem Auftritt eine wirklich gute Idee. Wollen Sie für unser Müsli als Werbe-Testimonial auftreten?" Ich dachte, ich hör nicht recht. Ich sollte Werbung machen? Wir verabredeten uns für einen weiteren Termin in seinem Büro und als das Angebot auf dem Tisch lag, blieb mir fast das Herz stehen. Mit diesem Vertrag konnte ich auf einen Schlag meine ganzen privaten Schulden bezahlen. Ich unterschrieb. Leider wurde der Marketingleiter kurz darauf von seinem Posten enthoben und aus der geplanten Kampagne wurde bis auf ein paar Werbeplakate nichts. Mein Honorar wurde aber in vollem Umfang bezahlt.

Ich hatte es geschafft, ich war alle Schulden los. Am meisten freute mich jedoch, dass ich endlich meiner Tochter wieder etwas kaufen konnte. In den ersten Monaten nach meiner Insolvenz war ich auf ihre finanzielle Hilfe angewiesen gewesen. Jetzt konnte ich so vieles aus dieser schweren Zeit für uns alle wiedergutmachen.

Mitte der 90er-Jahre veränderte sich die Musikbranche, auch wegen der fortschreitenden Digitalisierung. CDs und Platten wurden günstiger und die Labels wollten daher auch weniger Geld in die Produktion investieren. Unser „Entdecker" Franz Wallner entschied, sich dem verstärkten Marktdruck nicht aussetzen zu wollen, und weil unser Vertrag sowieso auslief, trennten wir uns im besten Einvernehmen. Das Plattenlabel Koch hatte schon die längste Zeit seine Fühler nach uns ausgestreckt und uns den Markteinstieg in Deutschland versprochen. Bis auf einige Konzerte in Bayern beschränkte sich unsere Popularität bis dato rein auf Österreich. Der deutsche Markt wäre natürlich eine große Chance für uns alle gewesen. Aber aus Deutschland wurde nichts. Wir produzierten zwar ein neues Album, das in Österreich wieder ein Supererfolg wurde. Doch auf die versprochene Promotion in Deutschland warteten wir vergeblich. Jahre später erst erfuhr ich, dass die Musikmanager bei Koch sich

„... a Wunda"

...ar-Rummel: Das Foto zu meiner ersten CD

World Music Award: In rot-weiß-rotem patriotischem Outfit im Sporting Club in Monaco

Tournee-Impressionen: Mit meinem Hit „Hoppala" auf Österreich-Tournee

...anz in Leder: Auch ich kann eine richtige Rockmaus sein

Konzertabende: Ich gebe alles bis zum Umfallen, auch heute noch

ls Tina Turner: Meine Zugabe nach jedem Konzert ist immer „Simply The Best –
hr gebt's ma den Rest"

Mit den „Discokillers" hatten wir auf der Bühne immer viel Spaß

Ein berauschendes Gitarren-Solo mit einem Mikrofonständer

Designkleid: Auftritt für eine Fußballmannschaft in Vorarlberg als „Fußball"

Die „Discokillers" und ich sehr spanisch mit ganz besonderen Kastagnetten

letztendlich entschieden, mit der EAV, der Ersten Allgemeinen Verunsicherung, nach Deutschland zu gehen. Ich sei angeblich schon zu alt gewesen. Nun, der Rest ist ja allgemein bekannt.

All dies tat aber unserem Erfolg in Österreich keinen wirklichen Abbruch. Wir waren auf ein Jahr im Voraus gebucht, mein Terminkalender war voll und ein Konzert jagte das nächste. Trotz der aufkommenden Routine passierte es mir aber leider doch mit schöner Regelmäßigkeit, dass ich mit dem falschen Ton anfing oder den Text verwechselte. Das sorgte oft für Streitereien. Völlig über meinen Kopf hinweg beschlossen die „Discokillers" daher, ein Probelokal zu mieten – um neue Songs zu schreiben und natürlich für mich zum Üben.

Dabei hatte ich zu diesem Thema eine sehr einfache Einstellung: „Ich stehe vorn und singe, also spielt ihr da, wo ich bin", erklärte ich ihnen in meiner stets charmanten Art. „Ihr wisst es doch eh genau, ich mag keine Proben, ich stehe lieber auf der Bühne." Leicht hatten es die „Discokillers" nicht mit mir. Trotz der gelebten basisdemokratischen Struktur unserer Band war ich von Anfang an die Mutter der Kompanie, lebte und liebte diese Rolle auch. Mutter der Kompanie war ich auch deshalb, weil die Musiker allesamt wesentlich jünger waren. Daher sind die „Discokillers" bis heute meine „Buben".

Als Frontfrau forderte ich selbstverständlich auch gewisse Hilfestellungen und „Dienstleistungen" ein: Besonders unbeliebt waren die so genannten Korsagen-Dienste. Irgendwie musste ich in das Ungetüm vor einem Auftritt reinkommen. Daher kam jeder Einzelne einmal an die Reihe, um mich zu schnüren. Bis auf den Rainer Sokal: Der hatte sich gleich beim ersten Mal, bewusst oder unbewusst, als total unfähig erwiesen und war seitdem vom Korsagen-Dienst befreit.

Wir hatten also ein eigenes Probelokal irgendwo im 18. Bezirk und arbeiteten bereits an einer weiteren Platte. Zumindest versuchten wir es. Denn ganz in der Nähe des Proberaums gab es ein typisches Wiener Vorstadt-Beisl mit dem sympathischen Namen „Gittis Beisl". Wir entschieden uns eines Tages, statt zu proben auf eine Jause dorthin zu gehen, und ich fragte beim Betreten des Lokals natürlich sofort nach der Eigentümerin, der Gitti. „Das bin ich", sagte eine freundliche junge Frau mit einem sehr norddeutschen Tonfall. „Margit eigentlich." „Servus, ich bin auch die Gitti", sagte ich und setzte mich. „Ich war ja auch mal Wirtin." Aus der Jause bei Gitti wurde eine liebe Gewohnheit. Die Beisl-Chefin war stolz auf ihre neuen prominenten Stammgäste. Meistens begannen die vereinbarten Proben bei Gitti und endeten auch dort. Oder wir spielten zur Freude der andern Gäste im Lokal zumindest pro forma einen Song unplugged. Ich fand immer Mittel und Wege, den lästigen Proben zu entgehen.

Mit Karl Mayerhofer fanden wir nach einigen Fehlschlägen für fast ein Jahrzehnt einen Manager, der sich ausschließlich um unsere Auftritte und den administrativen Aufwand kümmerte. Mittlerweile spielten wir im Durchschnitt 100 Konzerte im Jahr und lebten mehr auf der Straße und in Hotels als in den eigenen vier Wänden. Mir machte das nichts aus, denn ich hätte am liebsten jeden Abend ein Konzert gegeben. Jeder Auftritt war wie ein Rausch, ohne lästige Kopfschmerzen am nächsten Tag, und ich konnte nicht genug davon kriegen.

Als Musikgruppe mit den höchsten Schallplattenverkäufen 1990 in Österreich wurden wir im darauffolgenden Jahr zur Verleihung des World Music Award nach Monaco eingeladen. Die Plattenfirma gab grünes Licht, sprich, sie bezahlte die Reisekosten, und wir freuten uns wahnsinnig. Ich wollte der ganzen Welt beweisen, wie „leiwand" die Dicke aus Österreich sein kann. Vom Flughafen in Nizza flogen wir, wie echte Weltstars, mit dem Hubschrauber nach Monte Carlo. Aber nicht, weil wir Weltstars waren, sondern weil unser Flug von Wien derart viel Verspätung hatte, dass wir die Strecke nach Monaco mit dem Auto nie und nimmer pünktlich geschafft hätten.

Da waren wir also, in Greifnähe zu den Größen des Showgeschäfts und ich mittendrin. Wow, die kennen mich alle, dachte ich, als ich aus der Limousine stieg und ein Blitzlichtgewitter über mich hereinbrach. In Wahrheit kannte mich kein Mensch. Die ausländischen Fotografen fanden mein grell-buntes Kostüm in Rot-Weiß-Rot einfach nur lustig.

Es war ein Abend der Superlative. Es kam schon einer gewissen Adelung gleich, im traditionsreichen Sporting Club in Monte Carlo auftreten zu dürfen. Immerhin gaben dort Entertainer wie Frank Sinatra oder Sammy Davis Jr. in ihren besten Tagen Konzerte. An Prominenten fehlte es auch an diesem Abend nicht: Die monegassische Fürstenfamilie, Superstars wie Elton John oder Tina Turner, die Crème de la Crème der internationalen Pop-Branche hatte sich versammelt.

Für meinen Geschmack war das Ganze etwas gespreizt und wirklich locker war das Publikum nicht. Olivia Newton-John moderierte uns an und wir gingen auf die Bühne. Mein Outfit verfehlte seine Wirkung nicht! Nach dem Ende unseres „Kränk di net" ging ich zu Cliff Richard, um den Preis verliehen zu bekommen. Wir wechselten ein paar Worte auf Englisch, er gratulierte mir und griff nach der Trophäe. Ich war jedoch schneller. Bevor er noch zugreifen konnte, hielt ich den Preis triumphierend in die Höhe, bedankte mich mit stolzgeschwellter Brust beim Publikum und schritt mit hoch erhobenem Haupt von der Bühne. Cliff Richard versuchte mir noch hinterherzulaufen, denn laut Protokoll hätte ich den Preis bei ihm lassen sollen. Aber auch das hatte ich völlig vergessen. Olivia Newton-John zuckte nur hilflos mit den Schultern und versuchte mit ein paar netten Worten die Situation zu retten. Ich war das Gespräch des Abends und diese Episode von der „wilden Österreicherin" erzählte man sich in Monte Carlo noch Jahre später.

Hundertprozentig bei der Sache war ich in Monaco sowieso nicht. Ich war verliebt, träumte von meinem neuen Freund und wollte so schnell wie möglich zu meinem Abdu. Nach der Preisverleihung flog ich direkt von Nizza nach Gran Canaria. Wir hatten uns zwar nicht gesucht, aber dank einer Schicksalsfügung gefunden und waren glücklich. Abdu begleitete mich nach diesem letzten Besuch nach Wien, zog bei mir ein und ich hatte sogar eine Arbeit für ihn.

Einmal wollte ich mich noch als Geschäftsfrau beweisen: Eine Designerin, bei der ich schon einige Jahre kaufte, erzählte mir von ihrem Pech, auf einer halben Kollektion trotz unterschriebener Order sitzengeblieben zu sein. Die Modemacherin hatte wirklich ein gutes Gespür für Frauen ohne Standardfigur, und ihre Modelle waren ausgezeichnet verarbeitet. Mit meinem Freund suchte ich ein Ladenlokal in Korneuburg und wir eröffneten mit großem medialen Echo die Boutique „Pretty Molly". Ich stellte Abdu als Verkäufer an, und wenn ich Zeit hatte, dann stand ich natürlich auch selbst im Geschäft. Das gefiel der Kundschaft natürlich, wenn die Jazz Gitti am Boden kniete, um einen Rock abzustecken. Die kleine Boutique florierte.

Nur wollte sich die gute Designerin damit nicht begnügen und eröffnete weitere Läden in Wien und in Stockerau. „Gitti, wir haben gerade bei dir einkauft", hörte ich bei meinen Konzerten, denn jeder glaubte, alle Geschäfte würden zu mir gehören. Mir gehörte aber nur das eine Geschäft in Korneuburg, die anderen hatten nur den gleichen Namen. Als dann die nächste Kollektion geliefert wurde und weder Qualität noch Design stimmten, traf ich einmal in meinem Leben eine richtige kaufmännische Entscheidung. Ich sperrte meinen Laden zu, half der Modeschöpferin noch mit dem Abverkauf über eine Modeschau und stellte mich kostenlos als Model zur Verfügung.

Als Dank hörte ich einige Wochen später auf meinem Anrufbeantworter, dass die Designerin plante, mich in einem Kleinkunstprogramm zu parodieren und sich meine Bühnenoutfits ausborgen wollte. Zurückgerufen habe ich nicht. Bei diesem Geschäft bin ich finanziell mit einem blauen Auge davongekommen. Mein Anwalt meinte bei der Liquidierung der Firma zu mir: „Gitti, lass das mit dem Geschäftsfrauspielen in Zukunft einfach bleiben." Wie Recht er doch hatte.

Nach der Verleihung des World Music Award hatten wir fast die Spitze der Karriereleiter erreicht. Wir waren eine eingeschworene Gemeinschaft, auf der Bühne und privat, und für mich begann die schönste Zeit meines Lebens. Wir gingen auf Tournee, spielten Konzerte wie am Fließband, und viele Erlebnisse dieser Zeit sind mir bis heute in guter Erinnerung geblieben.

Einmal war ich zum Beispiel Stargast bei einer Sport-Gala in den Wiener Sophiensälen: Die Stimmung im Saal war ausgelassen und das Publikum skandierte „A Wunda". Ich war zu Spaß aufgelegt und bestieg singend den Tisch der österreichischen Nationalmannschaft. Als das Lied zu Ende war und keiner der Kicker Anstalten machte, mir vom Tisch herunterzuhelfen, nahm ich das Mikrofon in die Hand und erklärte frech dem ganzen Saal: „Ka Wunda, dass ihr bei den Spielen nie einen Sieg nach Hause bringt, wenn ihr nicht einmal so viel Mumm habt, mich vom Tisch zu heben." Betretenes Schweigen. Zu guter Letzt hatte der damalige Torhüter, Friedrich Koncilia, ein Einsehen, stand auf und reichte mir seine Hand. Vermeintlich starke Männer hatten schon immer Angst vor mir.

Auch ein anderes Konzert werde ich mein ganzes Leben nicht vergessen: Wir traten in einem Gefängnis auf. Als Garderobe wurde uns eine Vier-Mann-Zelle zugeteilt und ich feixte daraufhin mit den Kollegen: „Hier wäre ich gelandet, wenn mich der Richter wegen fahrlässiger Krida verurteilt hätte." Eigentlich beschäftigte mich aber ein ganz anderes Problem: Wie sollte ich die Männer in dem Sportsaal begrüßen? Sollte ich die Witze über die Ehefrauen oder Polizisten erzählen? Die „Discokillers" beruhigten mich: „Hör auf deinen Bauch, dann wirst du schon alles richtig machen." Als ich meine Auftrittsmusik hörte und zur Bühne ging, war ich viel nervöser als sonst: „Griaß euch alle zusammen. Es freut mich, dass ihr alle da seid!" Die Antwort kam geschlossen im Chor: „Bitte Gitti, wo sollten wir denn sonst sein?" Mir fiel in der Hitze des Gefechts überhaupt nicht auf, was ich da von mir gegeben hatte, und die „Discokillers" wären wieder einmal wegen meines losen Mundwerks am liebsten im Erdboden versunken.

Dieses Konzert sollte noch höchst amüsant enden: Als höfliche Aufmerksamkeit, oder vielleicht, weil uns ein gewisser Ruf vorausgeeilt war, stand in der „Garderoben-Zelle" ein Doppler Weißwein. Leider war der Inhalt schlicht ungenießbar, also tranken wir nur ein paar Schlucke. Nach dem Konzertende packten wir unsere Taschen, und als wir schon beim Gehen waren, fiel mir der sehnsüchtige Blick unseres „Betreuers", eines Gefangenen, in Richtung Wein auf: „Die bleibt hier?", fragte er ungläubig in die Runde. Ich kapierte in der Sekunde: „Burschen", sagte ich, „macht eine Mauer und ich geh die Wärter ablenken." Gesagt, getan. Als ich nach nicht einmal drei Minuten zurückkam und wir uns zu Gehen anschickten, stand der Doppler leergetrunken auf dem Tisch. Dieser Mann hatte vielleicht einen Zug …

Es gab einen weiteren unvergesslichen Auftritt dieser Art auf der Seebühne von Mörbisch: Harald Serafin war gerade Intendant geworden und die folgende Episode sollte in die Geschichte der Seefestspiele eingehen. Kurz vor Konzertbeginn entschied der Veranstalter, dass ich mit dem Boot zur Bühne fahren sollte. Zwei mächtige Feuerwehrmänner hoben mich in den kleinen Kahn und wir ruderten los. Ich hörte bereits meine Auftrittsmusik, doch der Scheinwerferkegel des Verfolgers tappte noch im Dunkeln. Erst bei der dritten Wiederholung meiner Auftrittsmelodie kam ich ins Scheinwerferlicht und da fing die ganze Arena an zu lachen. Durch mein Gewicht und das der beiden Feuerwehrlackeln ragte das kleine Boot gerade mal zehn Zentimeter über den Wasserspiegel und kam kaum von der Stelle. Gott, war ich froh, als ich wieder festen Boden unter den Füßen hatte.

Zu den absoluten Höhepunkten meiner Karriere gehört unser erstes Konzert in der Wiener Stadthalle. Wir veranstalteten es auf eigene Rechnung und mit vollem finanziellen Risiko. Als es darum ging, Plakate zu drucken und Werbung zu machen, hörten wir von den Verantwortlichen in der Stadthalle nur: „Das könnt ihr euch sparen, ihr seid so gut wie ausverkauft!" Dieses Konzert in der Wiener Stadthalle sollte für viele Jahre das einzige bleiben, das ohne Werbung mit 12.000 Besuchern ausverkauft war. Thomas Strobl lud die Lackenbacher-Blasmusik aus seiner burgenländischen Heimat ein und ich zog zu Beginn unter tosendem Applaus triumphierend durch den riesigen Saal in Richtung Bühne ein. Ich spürte die Sympathie im ganzen Saal. Sowas hatte ich noch nie erlebt. „Die kleine Blade vom Mexikoplatz singt in der Stadthalle", rief ich total aufgelöst in die Menge und erntete frenetischen Applaus. Es war eines der schönsten Konzerte meines Lebens – ich hatte das Publikum von der ersten Sekunde an auf meiner Seite. Für meinen Abgang zur Pause hatten wir uns etwas Besonderes einfallen lassen. Meine Tochter Shlomit kam mit einem Fahrrad auf die Bühne geradelt: „Mami, sitz auf, es ist Zeit für eine Pause", rief sie mir zu. Ich zwängte mich auf den Gepäckträger und wir eierten unter Johlen und Gelächter von der Bühne. Ohne umzufallen! Unmittelbar nach diesem Abend reservierten wir die Stadthalle für das kommende Jahr erneut – und es sollte wieder ein Erfolg werden.

Noch nie in meinem Leben war ich so glücklich und zufrieden. Für meinen Erfolg von fast einer halben Million verkaufter Tonträger wurden ich und die „Discokillers" mit drei Goldenen und drei Platinen Schallplatten ausgezeichnet. Wir hatten in den letzten Jahren an die tausend Konzerte gespielt und auch mein Privatleben lief, bis auf die üblichen Kleinigkeiten, bemerkenswert rund. Ich war mit mir im Reinen und hatte nur einen Wunsch: Es möge bitte bis in alle Ewigkeit so weitergehen und niemals aufhören. Wer hätte mir diesen Wunsch verdenken können? Doch die Achterbahn meines Lebens sollte wieder den Weg nach unten nehmen und das Blatt sich bald wieder zu meinen Ungunsten wenden.

RÜCKSCHLAG

August 1998. Die Rotenturmstraße in der Wiener City. Ich sitze mit zwei von den drei noch verbliebenen „Discokillers" in einem Café. Gitarrist Thomas Zech war bereits ausgestiegen. Mein Produzent Michael Scheickl und der Bassist und Komponist Thomas Strobl erklärten, dass auch sie ab sofort keine Konzerte mehr spielen wollten, aber gern weiter für mich komponieren und produzieren würden. Ich war geschockt. „Entweder alles, oder gar nichts", gab ich zur Antwort und verließ enttäuscht das Lokal. Schon wieder in meinem Leben wurde ich sitzen gelassen.

• • •

Nach elf Jahren als „Jazz Gitti & her Discokillers" begann es zu bröckeln und wir alle spürten: Die Luft ist draußen. Ich wollte es anfangs nicht so richtig wahrhaben und ignorierte den Wunsch meiner Musiker, nicht mehr ganz so vielen Konzert-Terminen zuzustimmen. Es wäre mir auch gar nicht in den Sinn gekommen, weniger aufzutreten, denn die Bühne war und ist bis heute mein Lebenselixier. Doch so wirklich erkannte ich die Zeichen der Zeit nicht, obwohl die Hallen, in denen wir auftraten, kleiner wurden und der Zenit unserer Karriere eindeutig überschritten war. Meiner Popularität tat dies freilich keinen Abbruch. Vielleicht habe ich auch deswegen den Abwärtstrend nicht erkannt. Bei unseren Tourneen entwickelte sich im Laufe der Jahre ein Running Gag nach jeder Show: Irgendwann setzten wir uns alle zusammen an einen Tisch und sagten uns schonungslos die Wahrheit. So war es dann auch. Einer nach dem anderen sagte die Wahrheit und stieg aus der Band aus. Der Bruch war aus heutiger Sicht unvermeidlich. „Jazz Gitti & her Discokillers" waren Geschichte.

Diese Trennung war sehr schmerzlich. Ich fühlte mich verlassen, verletzt und war gekränkt. Es war, als ob ich einen Teil meiner Familie verloren hätte, und das stimmte auch. Über einige Jahre herrschte Funkstille zwischen uns. Mittlerweile haben wir uns längst ausgesöhnt und sind wieder gute Freunde.

Erst nach und nach dämmerte mir, was dieses Aus wirklich bedeutete. Ich probierte es mit anderen Musikern, doch es war, es konnte nicht das Gleiche sein. Es fehlte die Bereitschaft der Neuen, auf mich und meine Art des Entertainments einzugehen. Und es fehlte am Witz. Ich war traurig und dachte oft an die alten Zeiten zurück. Nur fehlte mir das passende kreative Umfeld, das ich mehr als ein Jahrzehnt gewohnt gewesen war. Selbst mein Manager hatte sich inzwischen verabschiedet. Ich war ganz allein auf mich gestellt, und hätte es nicht meine treuen Fans gegeben, hätte ich meine Karriere wahrscheinlich beendet. Die Kuh war gemolken, doch reif für den Schlachter war ich noch lange nicht. Ich entschied mich daher, eine Auszeit zu nehmen und nur noch ausgewählte Konzertangebote anzunehmen.

Es gab ja schließlich noch einen Vertrag mit der Plattenfirma und ich ging mit Georg Gabler, dem musikalischen Leiter von Rainhard Fendrich, zur Produktion einer neuen CD ins Studio. Zur selben Zeit arbeitete ich auch an meinem ersten Buch „Wer sagt, daß des net geht?". Als beide Projekte abgeschlossen waren, begann die Promotion-Tour, um auch die Werbetrommel zu rühren. Während eines Interviews ließ ich mich leider verleiten, für eine persönliche Überzeugung auch öffentlich einzustehen. Mit unvorhersehbaren Folgen: Die Kampagne für die neue CD und das Buch lief nicht sehr erfolgreich und die Platte sollte in Folge für viele Jahre meine letzte sein. Die Plattenfirma mauerte, wollte mich nicht aus dem Vertrag entlassen und legte mich auf Eis. Ich hätte ja bei einer anderen Firma wieder Erfolg haben können. Ich fühlte mich wie eine heiße Kartoffel, die man fallen lässt und dann nicht einmal mehr mit Samthandschuhen anfassen möchte.

Während eines meiner wenigen Konzerte in dieser Zeit hörte ich vor meinem Auftritt vor der Bühne ein Ehepaar in der ersten Reihe flüstern. Er: „Schau, wie schön die Gitti abgenommen hat.“ Sie: „Ja eh, aber schau, wie viel Haut ihr übrig geblieben ist.“ Das Ehepaar hatte es sicher nicht böse gemeint, aber eigentlich hatten sie nur die Wahrheit gesagt: Ich hatte zwar in den letzten Jahren mein Gewicht zwischen 90 und 100 Kilo gehalten, aber die überschüssige Haut konnte ich nicht verleugnen. 20 Jahre nach der Magenverkleinerung entschied ich mich für eine weitere Operation. Denn die Fettschürze machte mir ernsthaft zu schaffen. Dauernd war ich wund und hatte wegen des Gewichts auch ständig Kreuzschmerzen. Ich suchte verschiedene Ärzte auf, um mich zu informieren. So einfach lässt sich die überschüssige Haut nicht wegschneiden, klärte man mich auf. Die Nerven in der Bauchdecke sind besonders empfindlich und eine nicht perfekt ausgeführte OP kann zu lebenslangen Schmerzen führen. Ich entschied mich für die plastische Chirurgin Hildegunde Piza-Katzer. Ich hatte bereits einen Termin vereinbart, doch kurz darauf wurde die Frau Doktor als Primaria nach Innsbruck berufen. „Was mach ich jetzt, das ist ja am anderen Ende von Österreich?“, überlegte ich hin und her. Ich hatte Glück: Wie durch eine Fügung des Schicksals wurde ich mit Primar Dr. Johann Umschaden von der Schwarzl-Klinik bei Graz bekannt gemacht.

Wir verstanden uns gut und ich entschied mich, mich statt in Innsbruck in Graz operieren zu lassen. In Graz hatte ich zumindest eine Freundin. In Innsbruck kannte ich niemanden. Glücklicherweise hatte Dr. Piza-Katzer dafür großes Verständnis und beglückwünschte mich sogar zu meiner Entscheidung.

„Bei diesem Kollegen sind Sie in besten Händen!" Der Chirurg nahm mir die Fettschürze ab und beseitigte die Fettkugeln an meinen Knien. Doch er wollte noch mehr. „Es steht um Ihre Gesundheit nicht sonderlich gut, Sie müssen auf jeden Fall weiter abnehmen." Monatelang kasteite ich mich mit Abnehm-Shakes und rutschte sogar unter 80 Kilo. So abgemagert sah ich entsetzlich aus und fühlte mich nicht wohl. Ich pendelte mich auf 82 bis 85 Kilogramm ein und dieses Wohlfühlgewicht halte ich bis heute. Später ließ ich mir noch überschüssige Haut an den Armen, den Händen und im Gesicht entfernen.

In meiner selbst gewählten Auszeit entschied ich mich, etwas anderes auszuprobieren. Ich hatte von der ganzen Musikbranche vorerst genug und freute mich, dass mir Intendanten Angebote zum Theaterspielen machten. Schließlich hatte ich in der ORF-Erfolgsserie „Tohuwabohu" mein komödiantisches Talent ausreichend unter Beweis gestellt. Ich spielte in einer Komödie beim Laxenburger Kultursommer in Niederösterreich, und Gerhard Pichowetz ließ mir eine Rolle in seinem Gloria-Theater in Wien auf den Leib schreiben. Den mit Abstand größten Spaß hatte ich als „Geierwally" in der gleichnamigen Musical-Produktion des Theaters am Hof in St. Pölten. Die arme Choreografin hatte ihre liebe Not mit mir, weil ich mir die Tanzschritte einfach nicht merken konnte. Entnervt gab sie eines Tages auf und resignierte. Und siehe da: In der Sekunde, in der der Druck weg war, konnte ich mich auch richtig bewegen.

Die Ausflüge ins Theater bereiteten mir durchaus viel Freude. Auf Dauer wollte und konnte ich mir eine Bühne jedoch ohne Singen nicht vorstellen. Ich war entschlossen, meinen Traum nicht aufzugeben. Im Gegenteil: Ich wollte wieder mein Publikum unterhalten, mich als Künstlerin weiterentwickeln, neue Lieder präsentieren und vor allem den Wunsch meiner Fans erfüllen und viele Konzerte geben.

Doch dann geschah wieder einmal etwas Unerwartetes: Ein Mann kreuzte meinen Weg und Amors Pfeil traf mich heftig wie schon Jahre nicht mehr mitten ins Herz.

PHÖNIX AUS DER ASCHE –
DIE ENTERTAINERIN

*März 2008. Eine Diskothek in Niederösterreich. Junge Menschen,
die fast alle meine Enkel sein könnten, klatschen mich auf die
Bühne ein. Ich bin in meinem Element und bringe den Saal zum
Kochen. Nach dem Auftritt stand ich an der Bar, gab Autogramme und kam mit den Gästen ins Reden. „Woher kennt ihr
eigentlich die Texte meiner Lieder?", fragte ich ein junges
Mädchen. „Von meiner Oma", bekam ich zu hören. Solche Szenen
passieren immer wieder und ich fühle mich trotz meines
Oma-Alters bestätigt. Ich komme noch immer an!*

* * *

Wieder einmal war ich in Graz. Es war das Jahr 1999. Diesmal
besuchte ich das Stadtfest nicht als Künstlerin, sondern als Pri-
vatperson. Ich saß gerade im VIP-Zelt, als eine Freundin mit
einem sehr jungen, ausnehmend attraktiven Mann im Schlepptau zu mir kam. „Darf ich dir vorstellen, das ist Roman Bogner,
er will dich unbedingt kennen lernen." Ein fescher Kerl, dachte
ich, und wir begannen uns angeregt zu unterhalten. Ich gebe
zu, er gefiel mir schon sehr gut. Aber ich war vorsichtig. Das
ist bestimmt nur ein Journalist, der mich reinlegen will, mahnte
ich mich selber zur Vorsicht und ging zum Buffet, um etwas zu
essen zu holen und um Zeit zu gewinnen. Ich kannte diesen
Mann ja gar nicht. Außerdem hatte ich einen Lebenspartner in
Wien. Aber es kribbelte ein wenig im Bauch und ich war ein
wenig nervös.

Wir plauderten weiter und Roman lud mich ein, mit ihm
noch etwas zu unternehmen. Ich lehnte ab. Ich wollte bei meiner
hochschwangeren Freundin bleiben und mit ihr, wie geplant, am

nächsten Tag nach Italien fahren. Nach einigem Hin und Her gingen wir schließlich doch noch in eine Disco, und als der Abend später und die Nacht tiefer wurde, legte er ein großes Geständnis ab: „Gitti, ich liebe dich!" Das kam schon sehr unerwartet für mich und ich war sehr irritiert. Dennoch war es ein schöner Abend mit meiner neuen Bekanntschaft. Mit einem mulmigen Gefühl im Bauch fuhr ich mit meiner Freundin am nächsten Tag nach Italien – im ständigen SMS-Kontakt mit meiner neuen Bekanntschaft Roman.

In Italien begann es nach drei Tagen heftig zu regnen und wir beschlossen, früher als geplant, nach Österreich zurückzukehren. Kurzerhand meldete ich mich via SMS bei Roman und wir verabredeten uns zum Abendessen.

Im Restaurant folgte dann die Wahrheit: Er sei verheiratet und habe auch zwei Kinder. Aber: „Gitti, du bist meine große Liebe!" Es kam, wie es kommen musste: Ich verliebte mich so heftig wie schon lange nicht mehr. Es war um uns geschehen und wir konnten nicht mehr voneinander lassen. Ich trennte mich von meinem Freund Abdu und bald darauf zog Roman von Graz nach Wien. Seine Ehe war zum damaligen Zeitpunkt längst zerrüttet. Wir zogen für zwei Monate in ein Hotel, bis wir unsere familiären Angelegenheiten geklärt hatten. Ich wäre sogar nach Graz gezogen, damit er in der Nähe seiner Kinder hätte wohnen können. Leider verlief Romans Scheidung nicht so reibungslos wie meine Trennung von Abdu.

Dafür hatte ich mit anderen Problemen zu kämpfen: Mein Umfeld stand regelrecht kopf: „Der Mann ist 25 Jahre jünger als du. Das geht doch nicht!", hörte ich aus jeder Ecke. Fast so, als ob man mir mein Glück nicht gönnen wollte. Ich fühlte mich kein einziges Mal auch nur einen Tag älter als mein Freund und letztendlich haben uns alle sehr schnell als Paar akzeptiert. Auch wenn so manche noch Jahre später verächtlich vom „Schönling" sprachen.

Mein neuer Freund Roman gab auch meiner Karriere eine neue Wendung. Er unterstützte mich darin, mein Aussehen zu verändern, neue Lieder zu singen und mich auf das zu konzentrieren, was ich am besten kann: Menschen zu unterhalten und ihnen eine Freude zu bereiten. Ich probierte es mit neuen Managern, neuen Musikern, und mein größter Wunsch war es, wieder ein Album mit neuen Liedern auf den Markt zu bringen. Ich versuchte viel, aber es wollte sich partout nichts von meinen Plänen in die Realität umsetzen lassen.

Als ich wieder einmal einem Manager den Laufpass gab, kam Roman zu mir und meinte: „Gitti, wir pfeifen jetzt auf alle Manager und Plattenfirmen dieser Welt. Ich übernehme dein Management und wir fangen noch einmal ganz von vorne an." Wie Recht er hatte, sollte sich schon bald zeigen. Ich war voller Elan, denn endlich konnte ich mich aus der Fremdbestimmung der Plattenfirmen lösen, Lieder aufnehmen, die ich auch singen wollte, und mir ein neues Konzertprogramm zusammenstellen: ein wenig Kabarett, ein wenig Geschichten aus meinem Leben und selbstverständlich auch meine größten Hits, gemischt mit neuen Liedern. Mit Romans Hilfe brachten wir eine neue CD auf den Markt und fingen in Gemeinde- und Stadtsälen wieder mit Konzerten an.

So bergab es auf meiner Lebens-Achterbahn noch vor drei Jahren ging, so steil bergauf ging es auch plötzlich wieder. Bereits das erste Album aus der eigenen Produktion erreichte Goldstatus, viele weitere sollten noch folgen – sieben Nummer-Eins-Platzierungen in den Charts inklusive. Wieder einmal hatte ich den Spieß umdrehen können und es trotz der zahlreichen Unkenrufe zurück an die Spitze geschafft. Wie in alten Zeiten ging ich erneut auf große Österreich-Tournee. Allerdings mit einem markanten Unterschied zu früher: Jetzt konnte ich die Auftritte so richtig genießen und mir Zeit nehmen. Die Jahre mit

Cooler Baseball-Look: Nach einem USA-Urlaub ganz trendy wieder zurück in Wien

25 Jahre Jazz Gitti: Ein großes Fest und ein glücklicher Moment mit meinem Roman

Bierzelt live: Ein Auftritt in Lederhose, bei dem der arme Mikrofonständer sein Fet abbekam

XXX

orsagen-Queen: Auch heute bleibe ich meinem Markenzeichen, der Korsage, noch
nmer gern treu

eganz pur: Mittlerweile sind mir aber schicke Abendkleider für meine Auftritte
el lieber

Fanclub-Treffen: Wie immer Chaos pur und ich im Mittelpunkt

Ehrung im Wiener Rathaus: Das Goldene Verdienstzeichen des Landes Wien wurd
mir im Rahmen einer Feierstunde überreicht

den „Discokillers" waren sehr hektisch gewesen und an mir einfach so vorbeigeflogen. Das wollte ich so nicht mehr. Kaum hatte ich den Gipfel erklommen, standen sie auch schon wieder alle Schlange bei mir: die Komponisten, Produzenten und Veranstalter. Ich ging wieder auf Tour und füllte, wie in alten Zeiten, die größten Hallen in ganz Österreich. Und ich erfüllte mir noch einen Traum. Ich kaufte mir ein Haus in Niederösterreich. Mein altes Wochenendhaus, in dem ich doch für einige Jahre fix zur Miete gewohnt hatte, gab ich auf.

Im Jahr 2013 endete nach 14 Jahren die private Verbindung zwischen Roman und mir. Es waren wunderbare Jahre und ich bin froh, dass aus einer großen Liebe eine innige Freundschaft geworden ist und wir auch weiterhin geschäftlich eng verbunden sind.

Auch nach drei Jahrzehnten auf der Bühne habe ich noch vor jedem Konzert ein wenig Lampenfieber. Aber nicht, weil ich Angst habe, meine Lieder nicht zu beherrschen, es kribbelt im Bauch allein deswegen, weil ich mir jedes Mal nur die eine, gleiche Frage stelle: Gelingt es mir auch heute wieder, mein Publikum zu gewinnen? Und es gelingt mir doch immer wieder!

SCHLUSSAKKORD

Irgendwann. Ein Hotel irgendwo in Österreich. Seit ich auf der Bühne stehe, habe ich ein ganz besonderes Gefühl aus meiner Kindheit wiederentdeckt. Wenn ich ein erfolgreiches Konzert beendet habe und mich in mein Hotelzimmer zurückziehe, überfällt mich eine ganz eigene Art von angenehmer Schläfrigkeit. Eine Müdigkeit, die ich nur als Kind erlebt hatte. Etwa, wenn man den ganzen Tag mit Spielen im Freien verbrachte, nach Hause kam, aß, gebadet und hingelegt wurde. Dann schloss ich die Augen und fühlte mich wie in den Mutterleib zurückversetzt. Mit genau diesem Gefühl gehe ich nach einem Konzert schlafen: glücklich, zufrieden und geborgen in Abrahams Schoß.

• • •

Mein Publikum und meine Fans sind zu Recht davon überzeugt, dass ich sie unterhalte. Die Wahrheit ist aber auch: Sie unterhalten mich. Es gibt für mich keinen schöneren Moment, als wenn ich nach einer Show Autogramme gebe und die gute Laune spüre, mit der die Menschen nach Hause gehen. Dann habe ich als Entertainerin gute Arbeit geleistet. Das schönste Kompliment, das man mir machen und von dem ich einfach nicht genug bekommen kann: „Danke dir, Gitti. Du hast uns heute einen wunderbaren Abend bereitet." Daher gebührt auch meinen Fans und Freunden der größte Dank für 30 Jahre Treue!

Aus der Kaffeehaus-Kellnerin von einst wurde eine Beislwirtin mit Gesangsambition und schließlich eine Sängerin und Entertainerin. Ich hatte das große Glück in meinem Leben, dass, wenn eine Tür zuging, sich jedes Mal eine neue Tür öffnete. Auch wenn ich ganz unten war, ich blickte immer ohne Groll und

Wehmut nach vorn und kann mit Fug und Recht behaupten: Ich habe in meinem Leben alles ausprobiert und nichts ausgelassen. Wenn ich als Geschäftsfrau nicht so naiv und blauäugig gewesen wäre, dann hätte ich bestimmt nicht so viele Fehler gemacht. Man sollte eben wissen, was man kann und was man besser bleiben lassen sollte.

Über viele Jahre habe ich Raubbau an meinem Körper betrieben. Abnehmen, zunehmen, abnehmen. Erst als ich krank war, verstand ich, dass man ein wenig auf sich achten sollte. Bei mir dauerte es zu lange, bis ich das kapierte. Heute muss ich wegen Diabetes Typ 2 täglich Insulin spritzen.

Ich war nie eine Frau mit Modelmaßen, ganz im Gegenteil. Aber ich war auch nie eine Frau, die nicht begehrt wurde. Das ist auch heute noch so. Natürlich wünschte ich mir als junges Mädchen einen Mann, der mich hofiert und mir die goldene Kreditkarte überlässt. Nur so viel war mir auch damals schon klar: Hätte er mir auch nur einmal deswegen eine Vorhaltung gemacht, hätte ich ihm die Karte an den Kopf geschmissen. Ich war in meinem Leben sehr gern verliebt, aber auch immer wieder gern entliebt. Meinen Wunsch, für meine Tochter ein perfektes Familienleben zu haben, habe ich ihr und mir leider nicht erfüllen können.

Als Mensch habe ich nie ein Blatt vor den Mund genommen und meine Meinung immer lautstark hinausposaunt. Heute agiere ich zugegebenermaßen ein wenig überlegter, doch das hat an meiner Grundeinstellung nichts geändert. Ich liebe mein Leben, so wie es ist, und freue mich auf jedes Konzert, als ob es mein erstes wäre. Der einzige Grund aufzuhören wäre, wenn mich meine Fans nicht mehr mögen, ich meine Stimme verliere oder wenn ich spüre, es ist Zeit, den Bühneneingang hinter mir für immer zu schließen.

Ich bereue nichts in meinem Leben. Egal, wie weit oben oder

weit unten ich auch war. Egal, wie gut oder wie schlecht es mir gegangen ist. Denn bei aller Kritik meiner Person gegenüber, ob zu Recht oder zu Unrecht: Ich bin mir stets treu geblieben.

Ich hab' gelebt!

Und ich hoffe sehr, dass ich noch ein paar Jahre Gas geben kann.

DANK & ANERKENNUNG

Meinen überaus kurvigen Lebensweg kreuzten über all die Jahre sehr viele Menschen. Einige davon habe ich in diesem Buch aus rein subjektiver Sicht mehr oder weniger gut bedacht. Ich möchte aber an dieser Stelle einigen Freunden und Weggefährten meinen ganz besonderen Dank aussprechen:

Beginnen will ich selbstverständlich mit meinen „Buben", den „Discokillern": Rainer Sokal, Thomas Strobl, Wolfgang Wehner und Thomas Zech. Ohne euch hätten all die Jahre nur halb so viel Spaß gemacht! Gleich gefolgt vom Musikproduzenten Franz Wallner, der durch seinen sicheren Instinkt für gute Unterhaltungsmusik mir als Jazz Gitti, und natürlich auch den „Discokillern", den ersten Plattenvertrag gab und uns damit überhaupt den Einstieg in die Branche ermöglichte.

Mein Dank gehört auch Michael Scheickl. Obwohl er bei unserem Kennenlernen nicht sehr viel von mir hielt, ließ er sich eines Besseren belehren und investierte gegen den Ratschlag vieler in das gemeinsame Projekt. Michi, auch du bist ein Discokiller!

Zu ehrlicher Dankbarkeit bin ich auch Roman Bogner verpflichtet. Ohne ihn als Mensch und Manager würde ich heute nicht dort stehen, wo ich bin. Trotz unserer privaten Trennung arbeiten wir nach wie vor als perfektes Team zusammen. Roman, ich danke dir!

Anerkennung für mehr als zehn Jahre gute Zusammenarbeit verdient Doren Design aus Wolfsberg in Kärnten. Renate Schein ist nicht nur eine perfekte Gastgeberin, sondern rückte mich auf der Bühne mit ihren Kreationen ins richtige Licht: schön und ausgeflippt.

Last, but not least, ein dickes Lob an meinen Biografen

Martin R. Niederauer für seine liebevolle Geduld, seinen Fleiß und sein Geschick, aus dem manchmal wirren Schwall meiner Geschichte das Richtige herauszupicken und zu einem Ganzen zusammenzufügen.